ISBN: 9781706315957
ISBN: 1-7063-1595-3

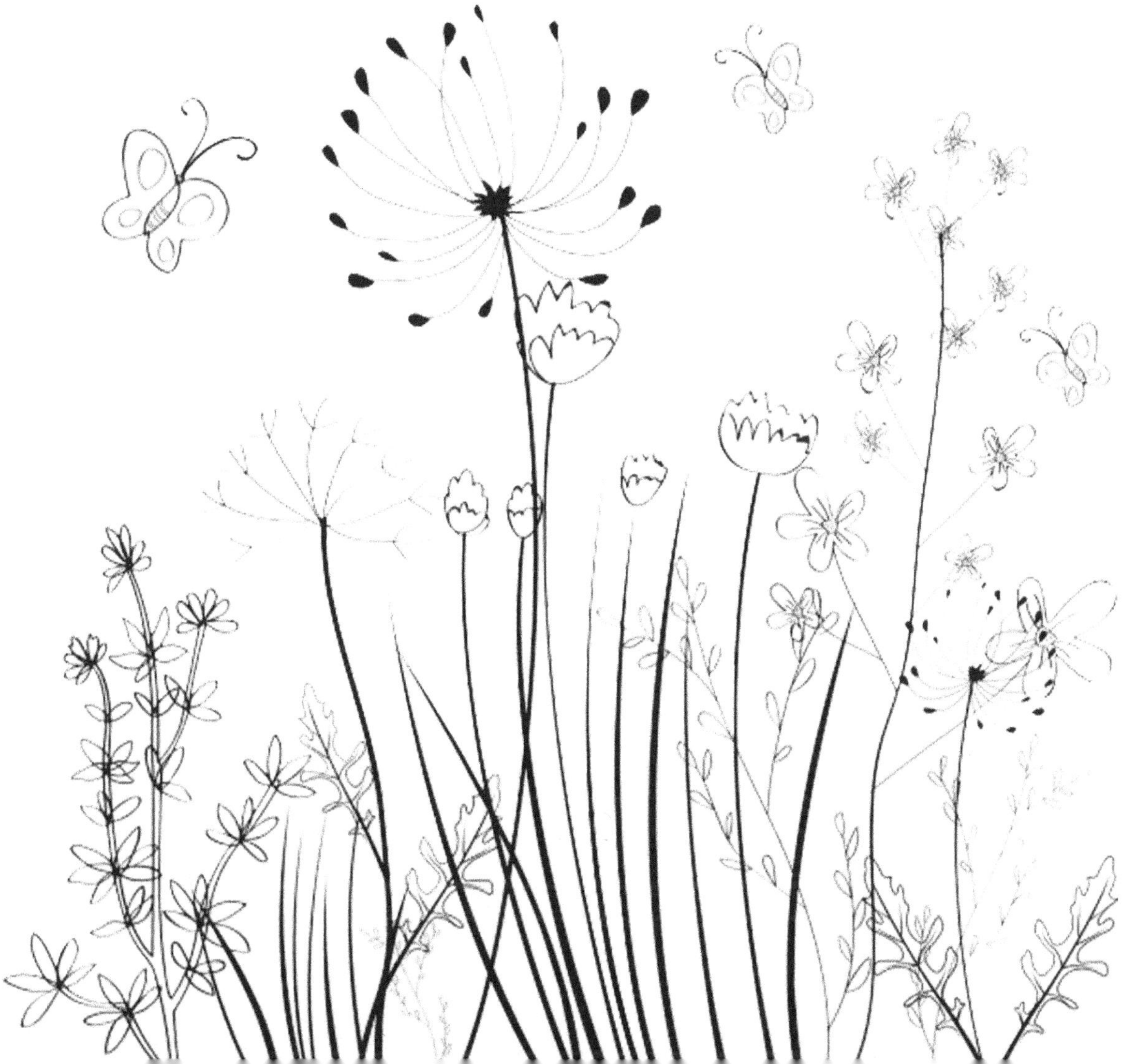

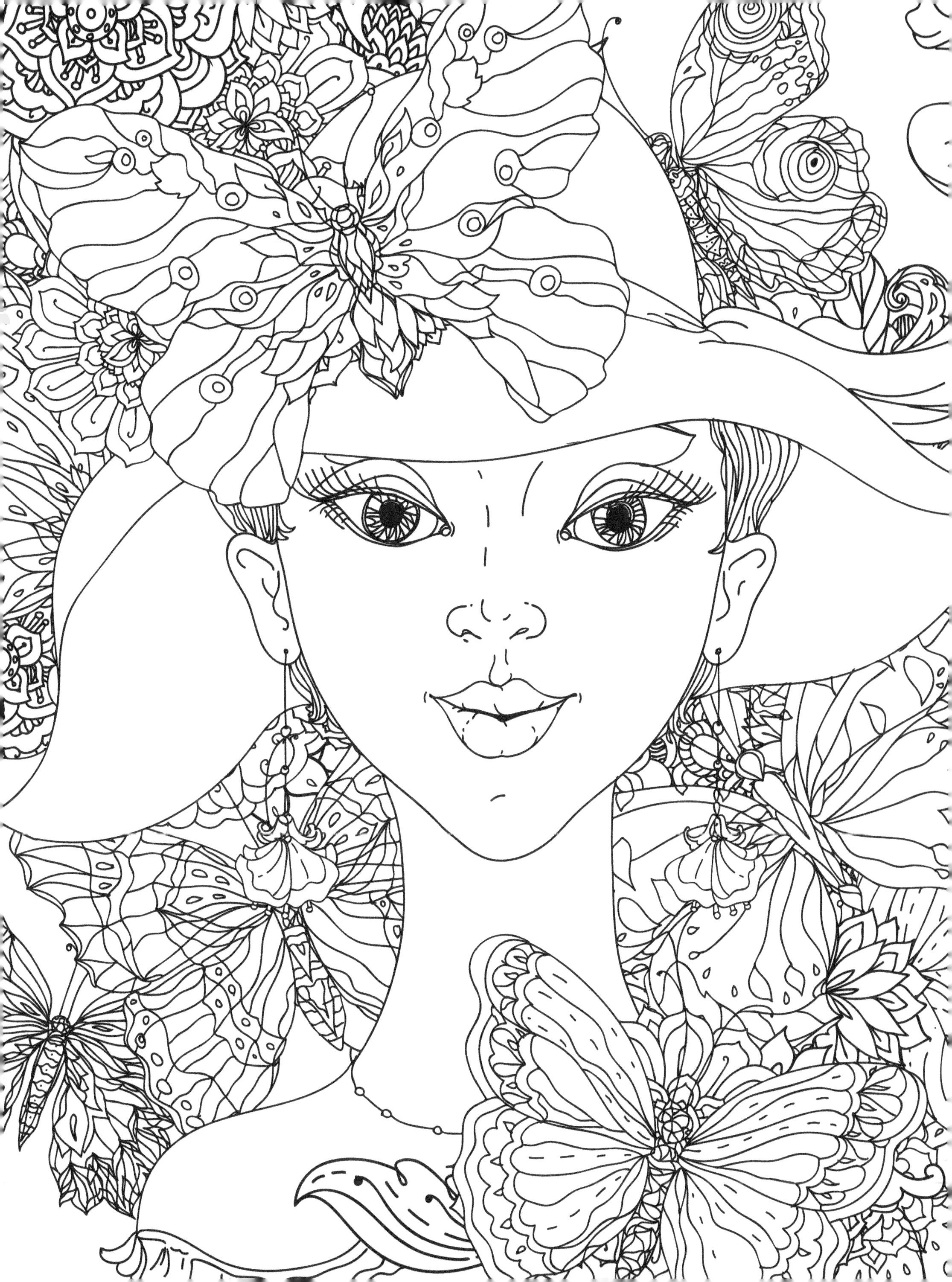

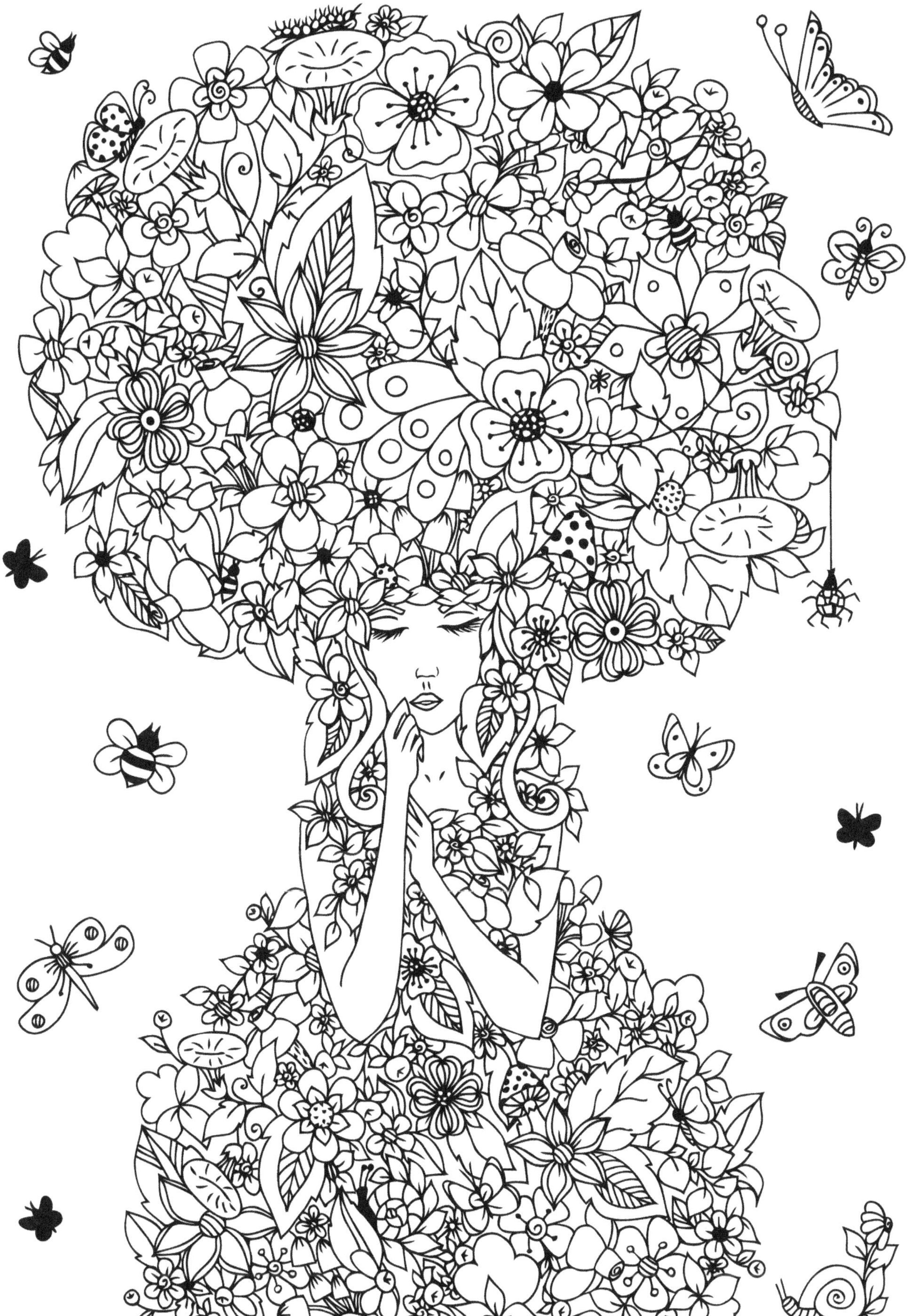

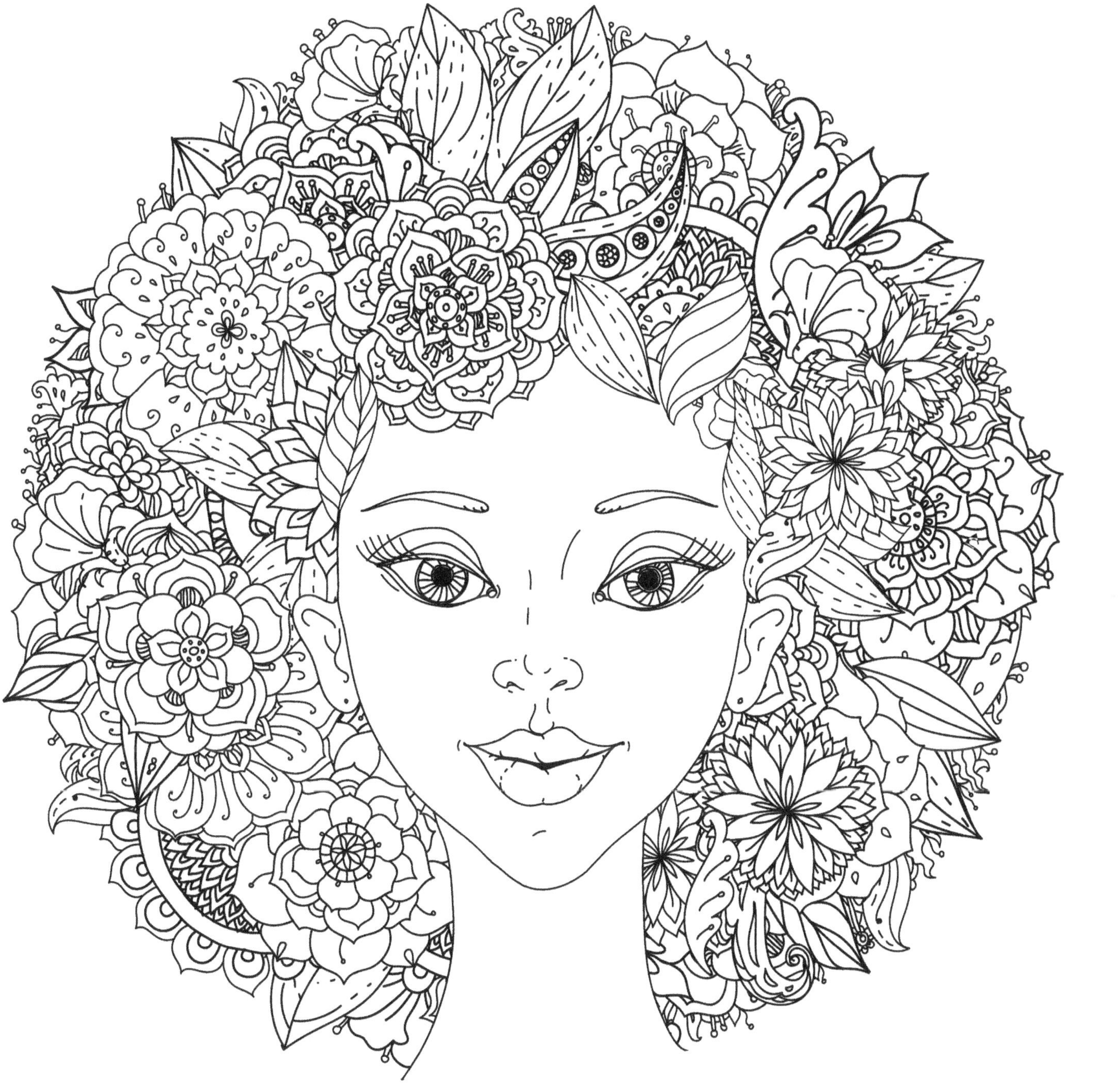

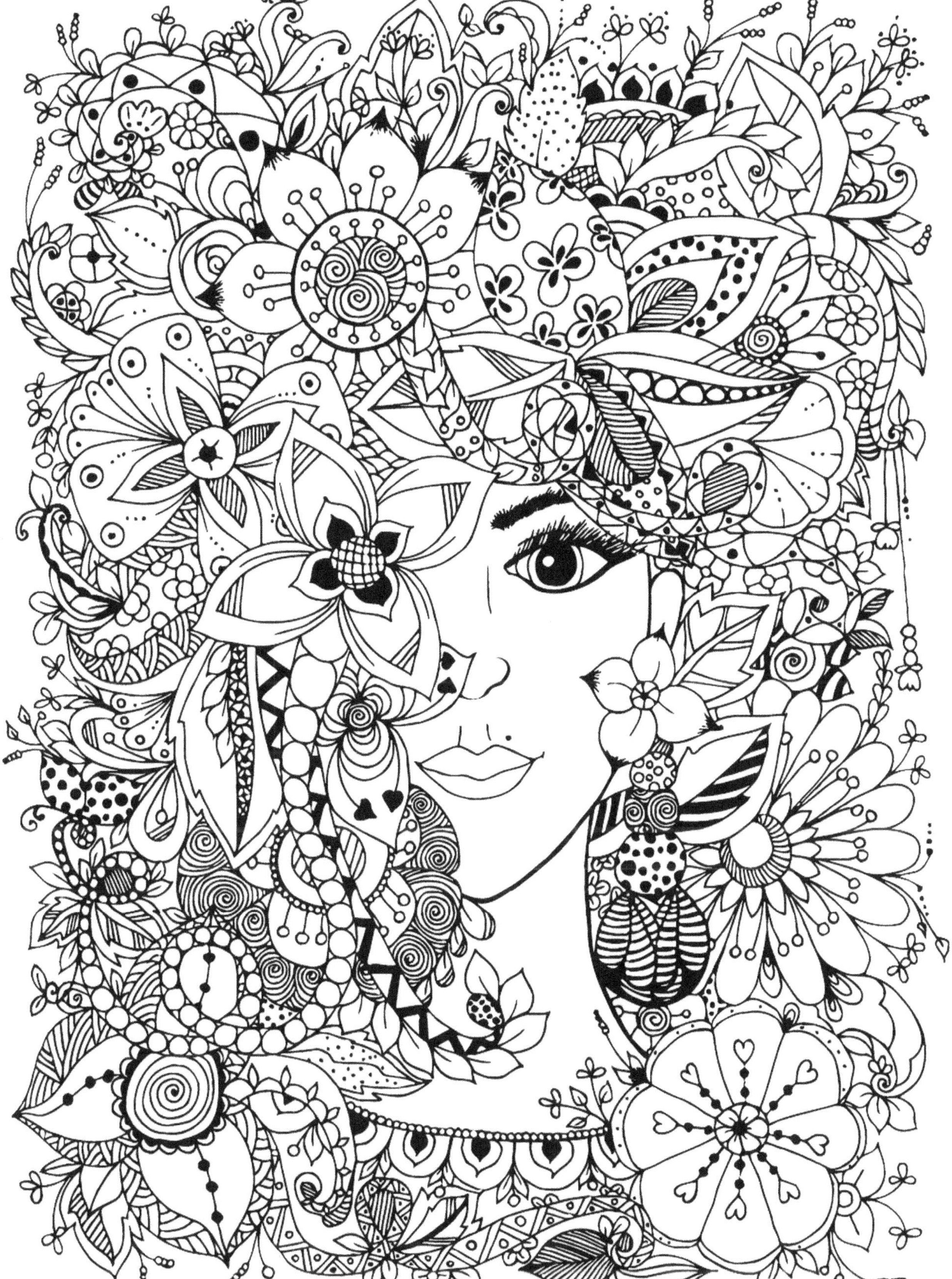

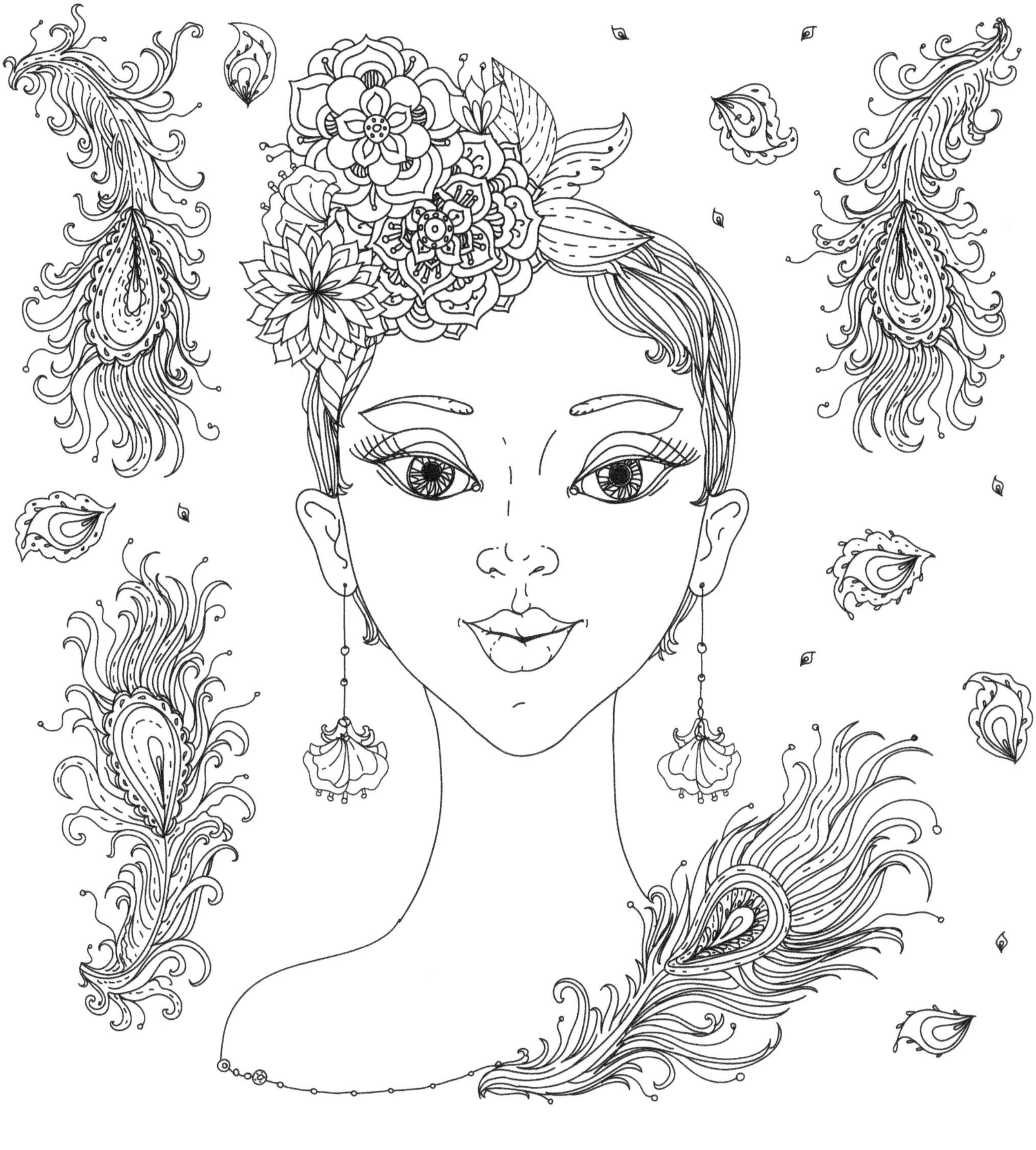

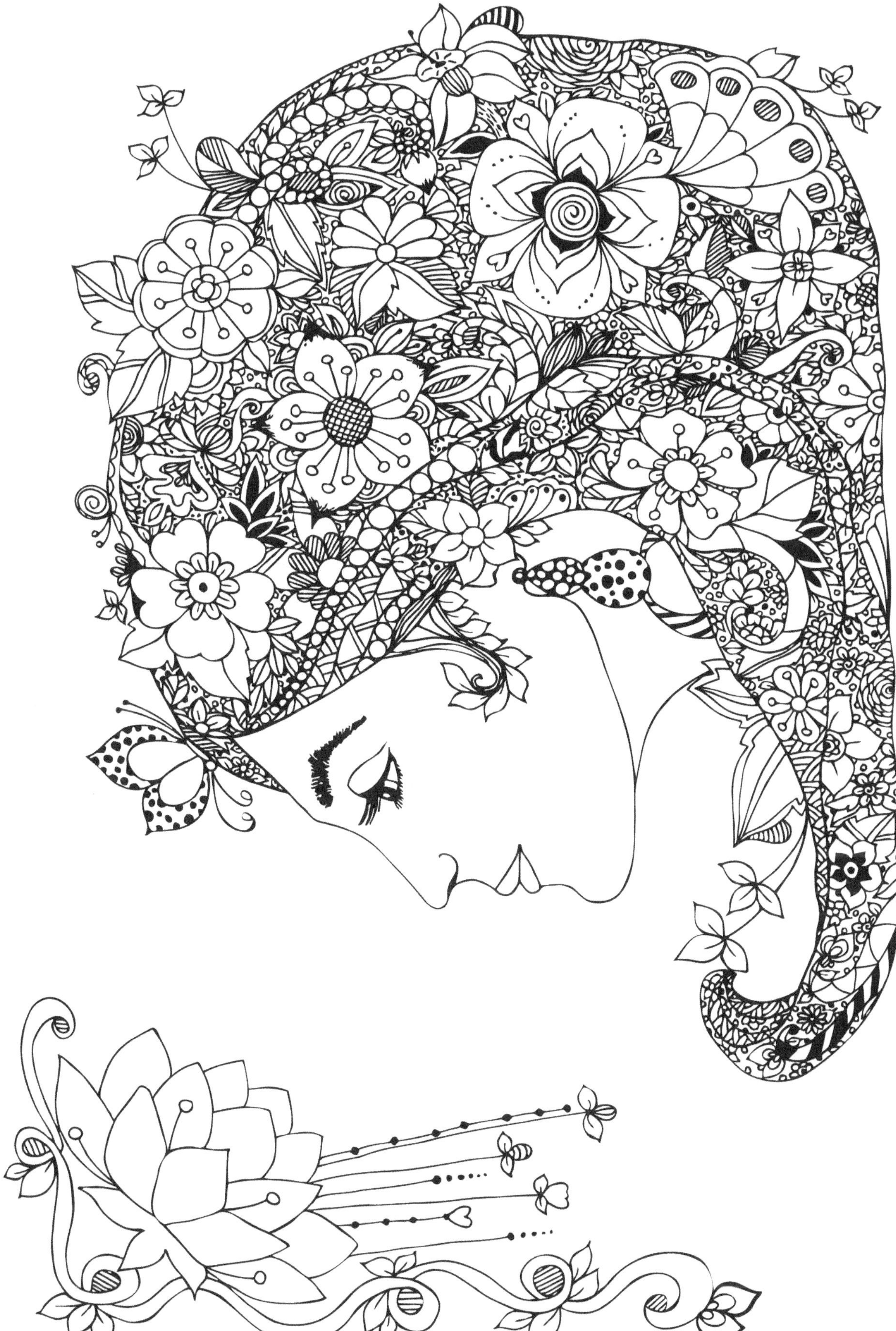

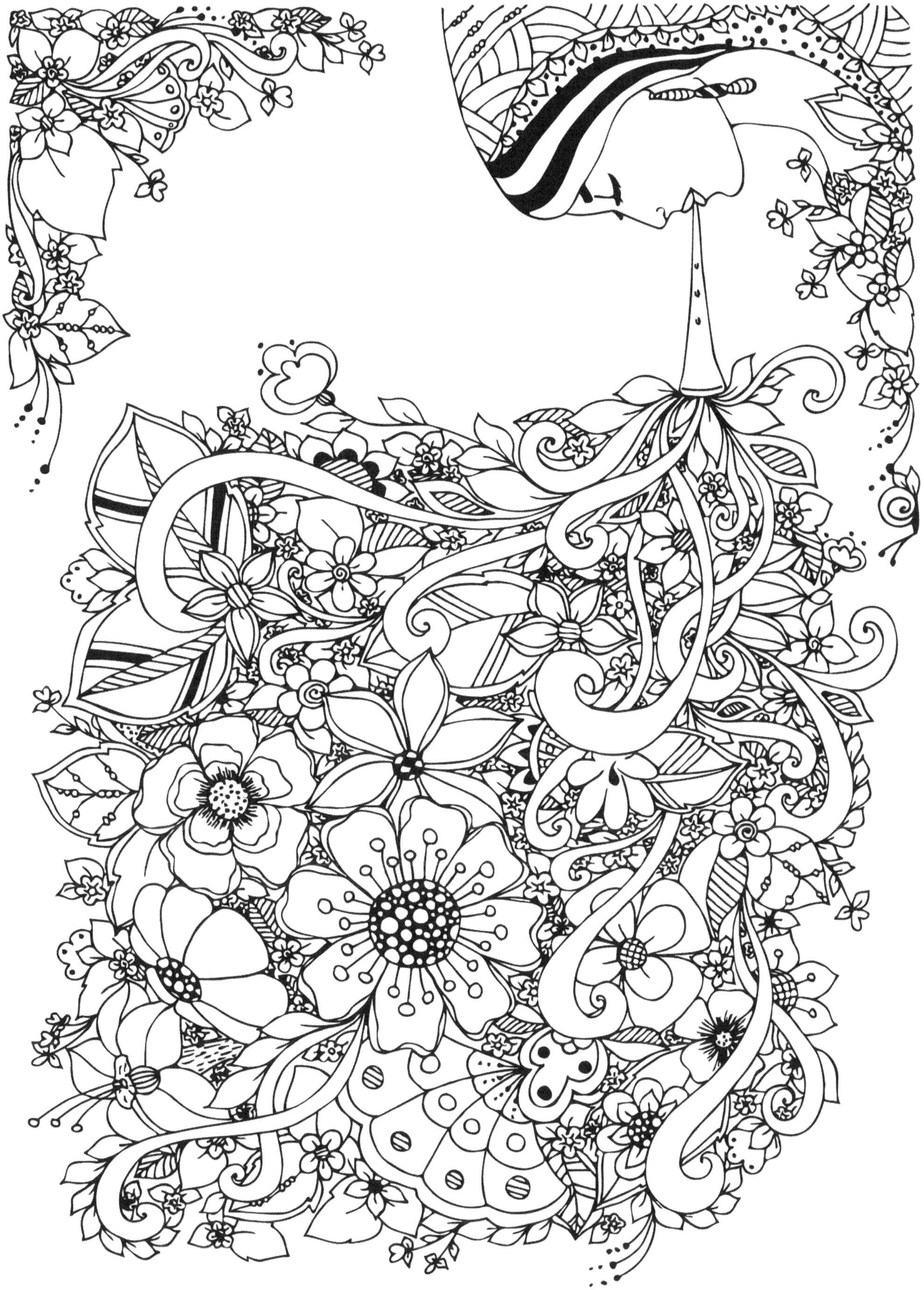

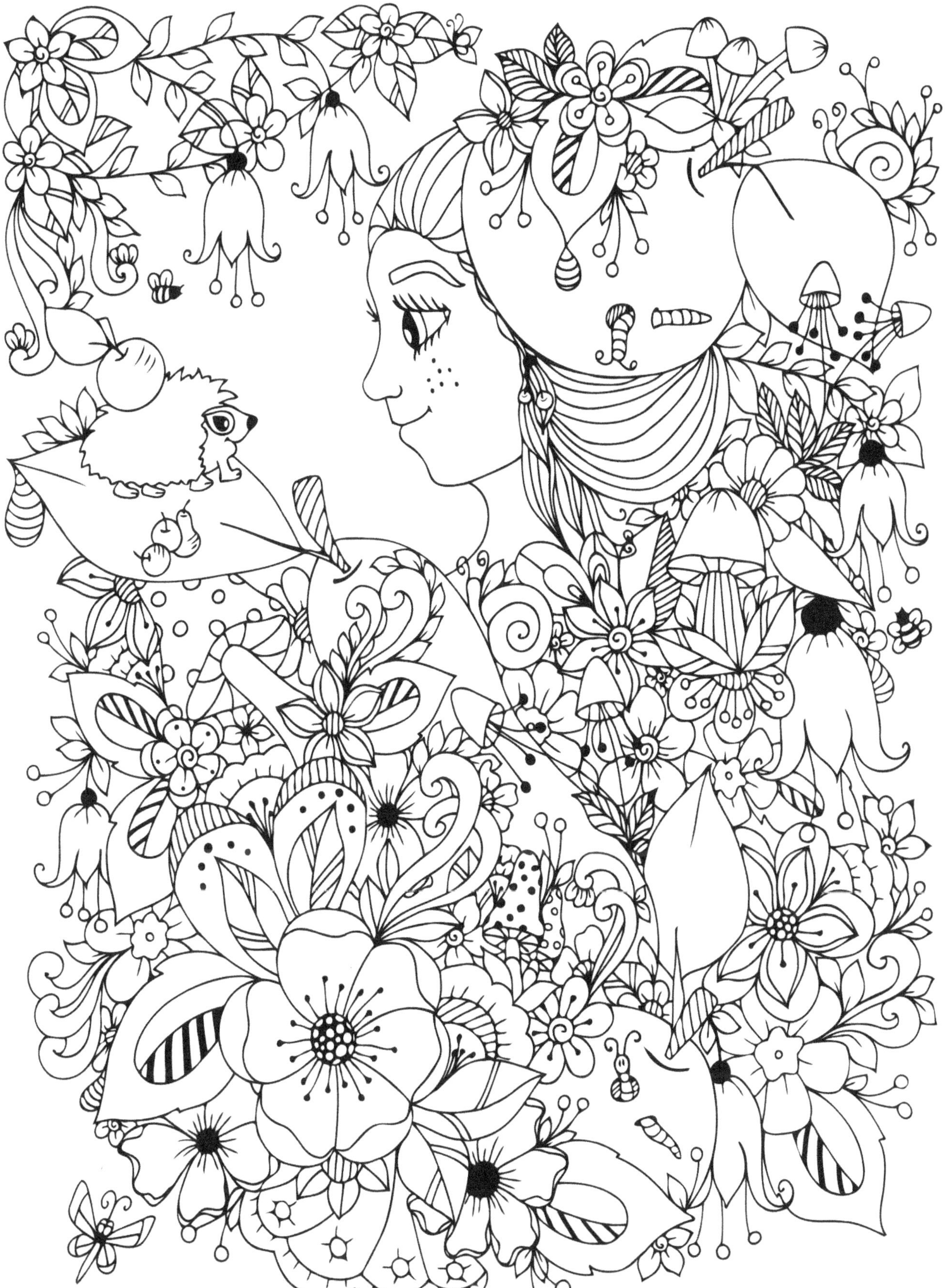

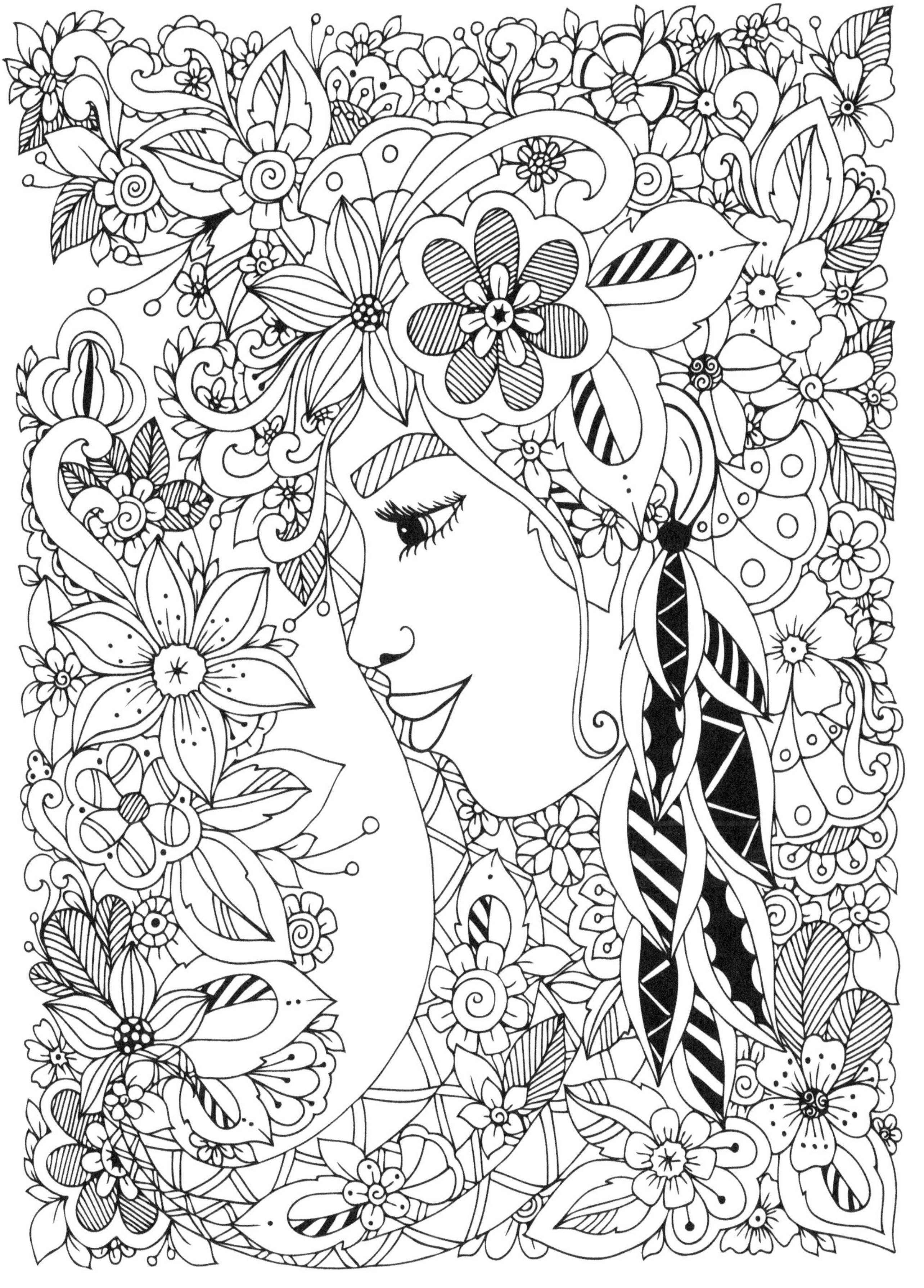

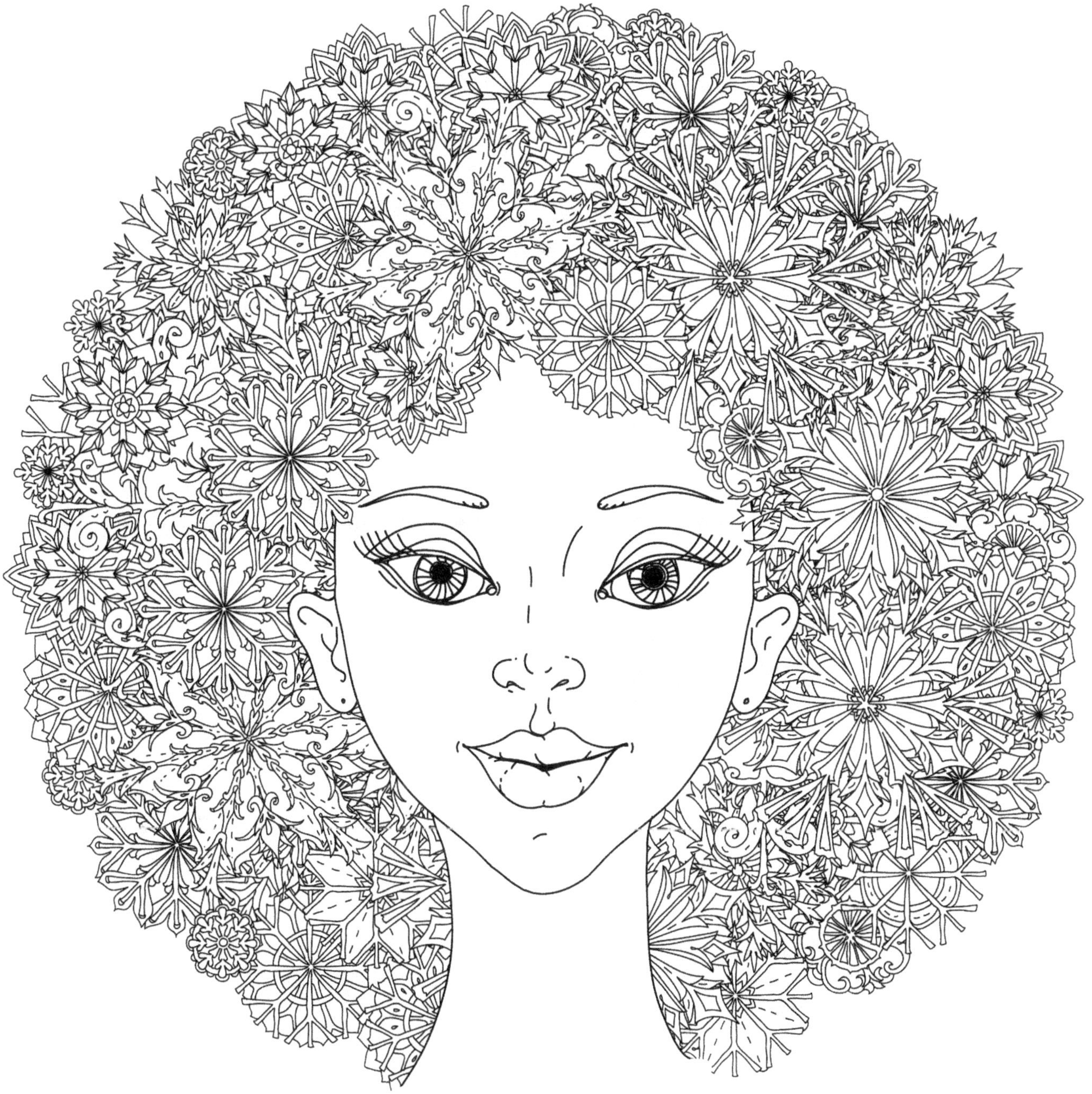

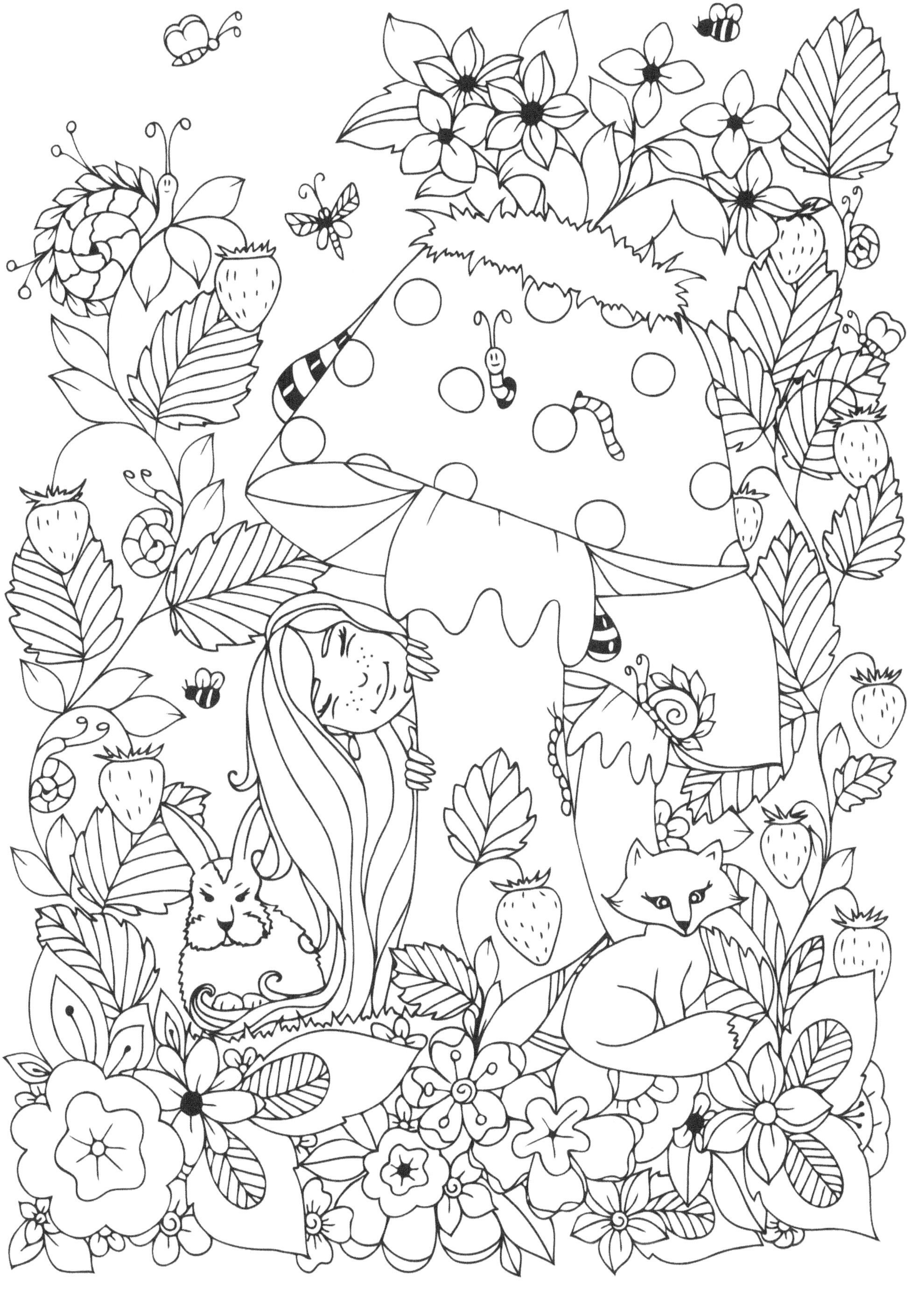

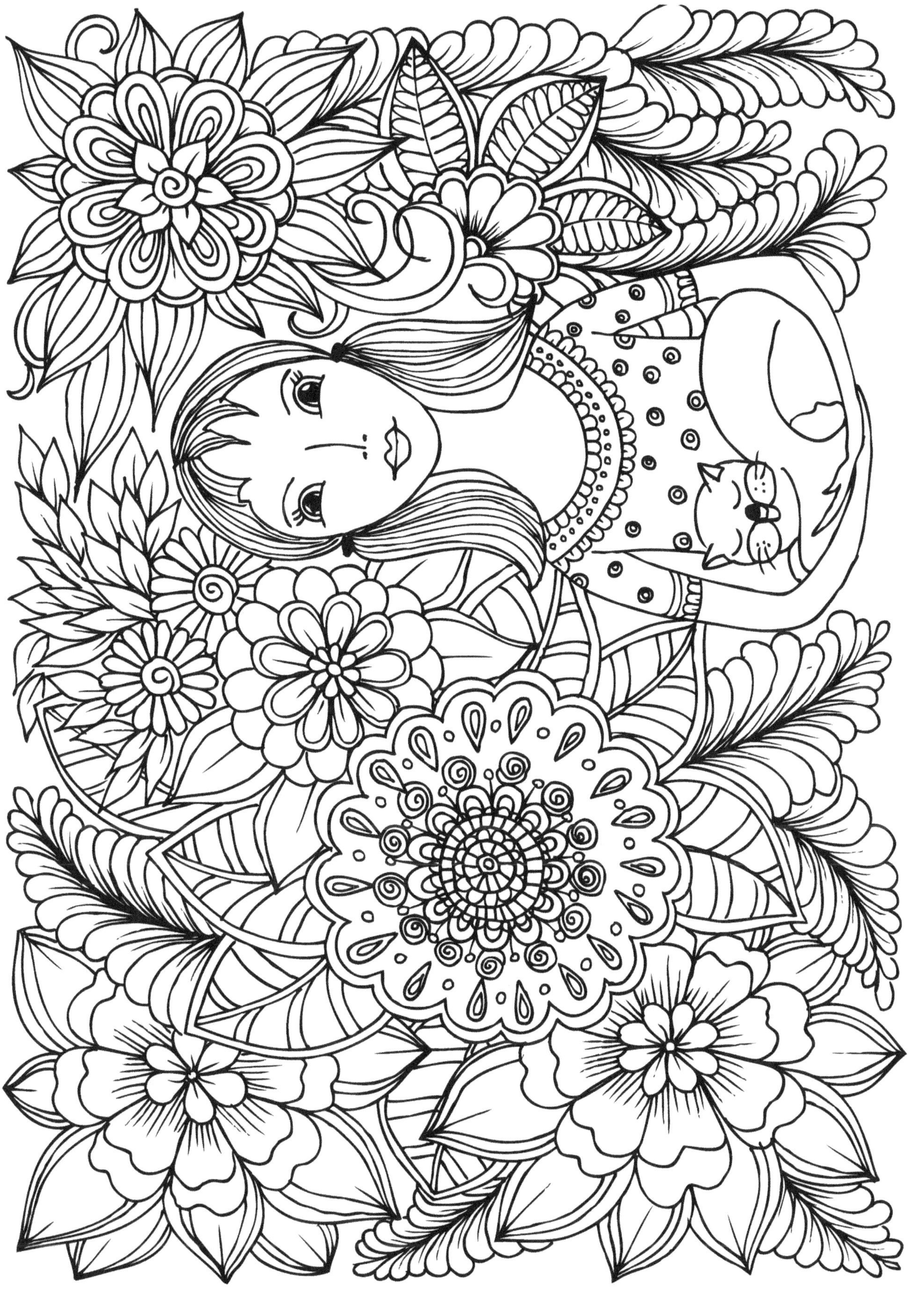

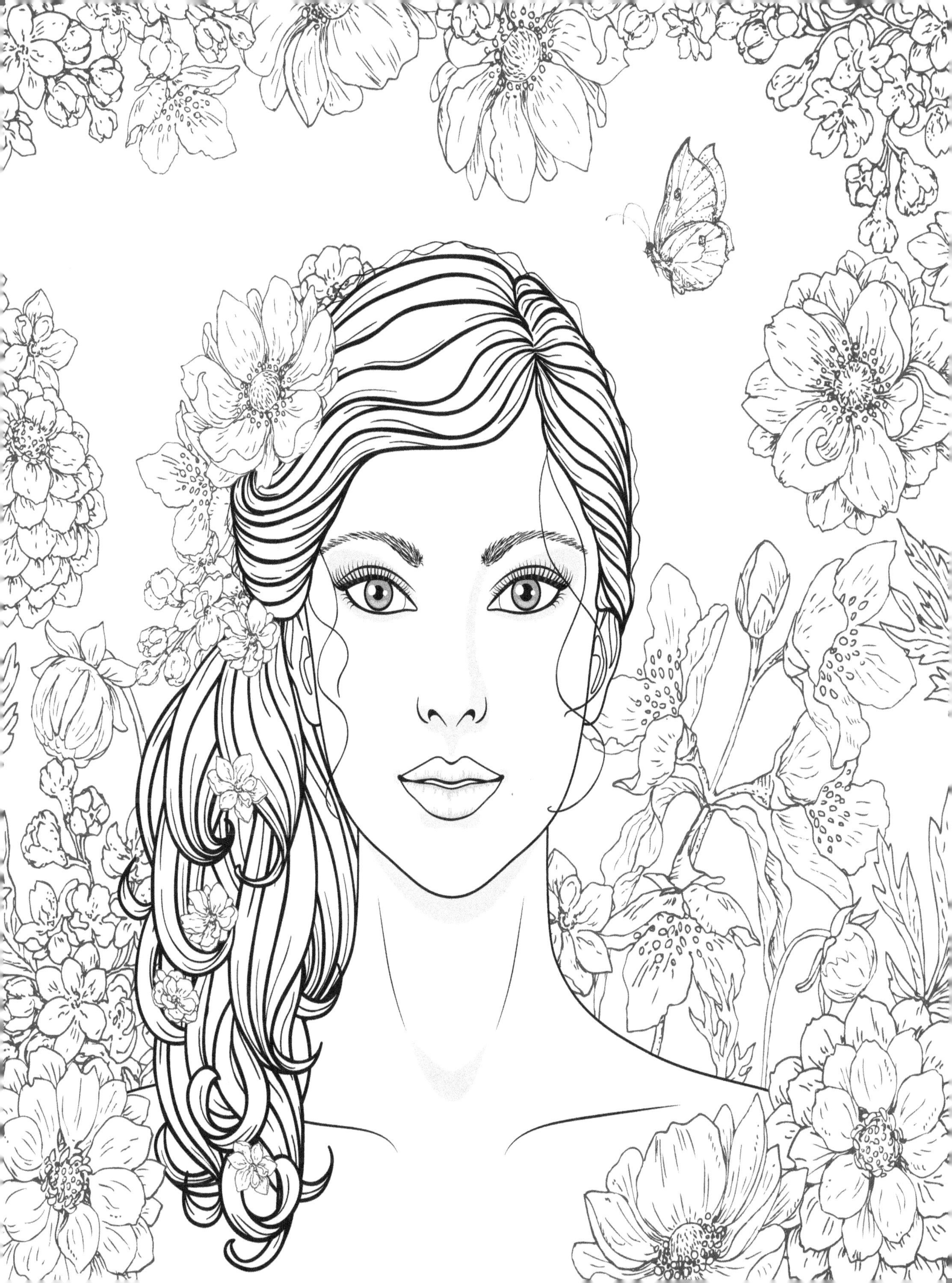

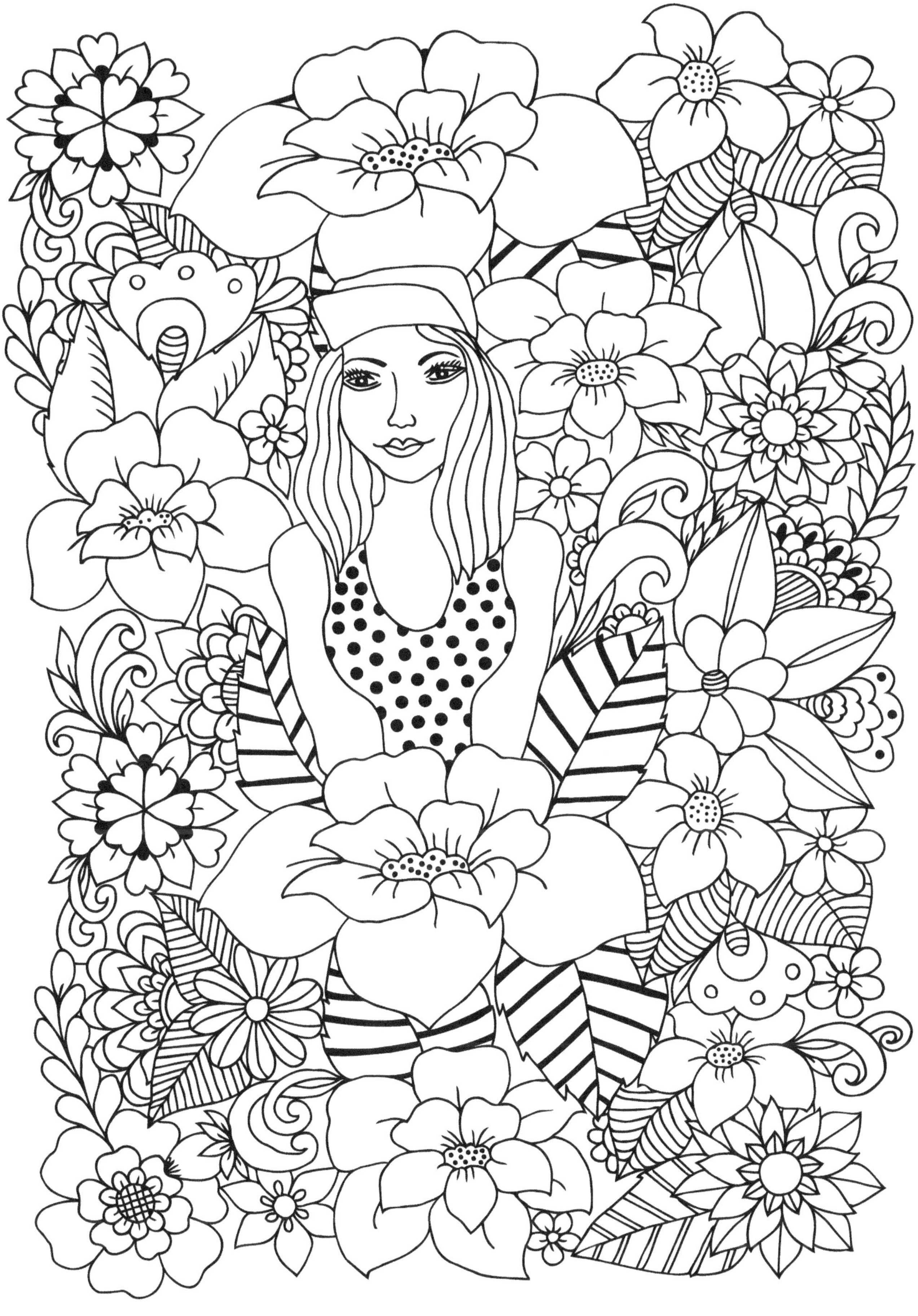

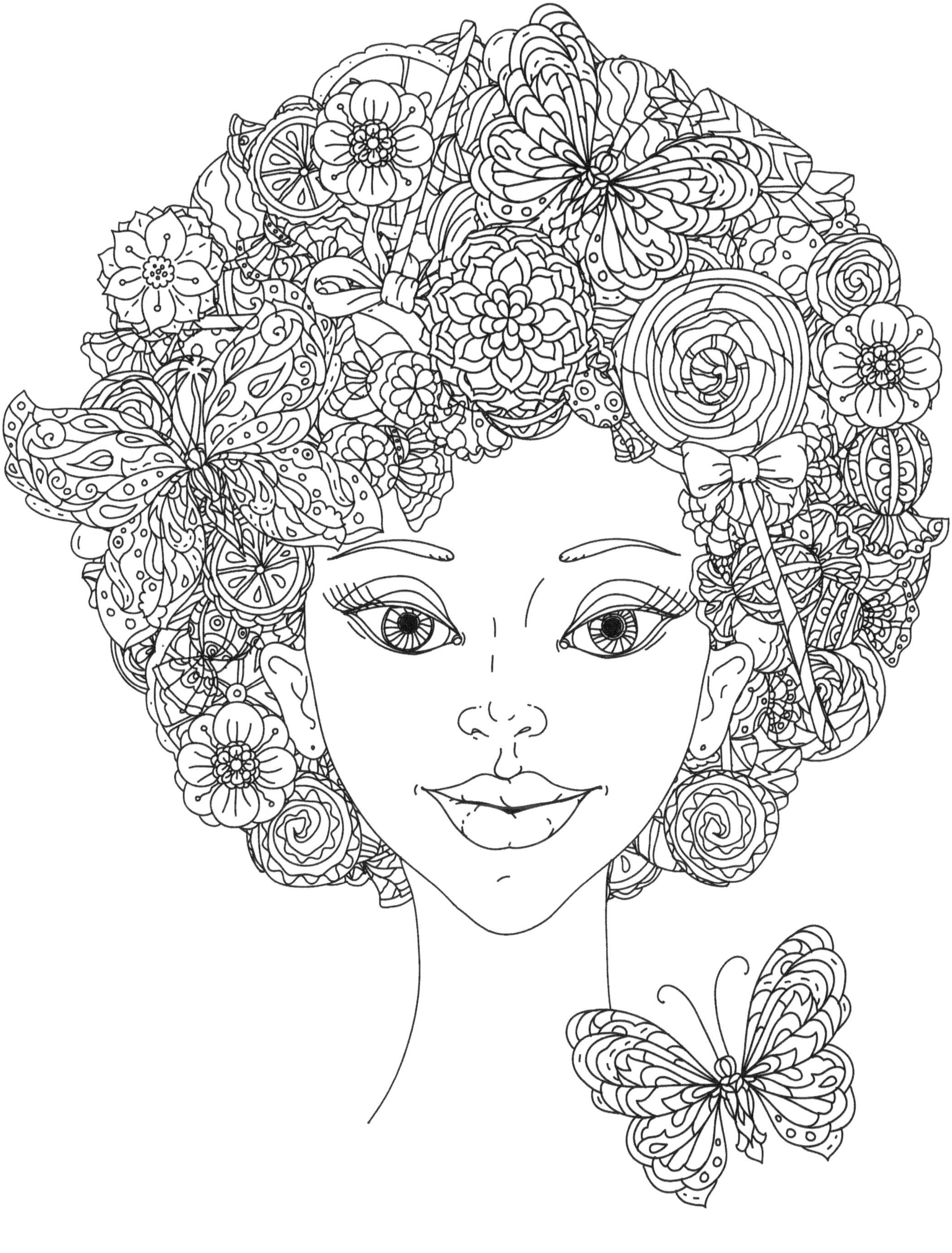

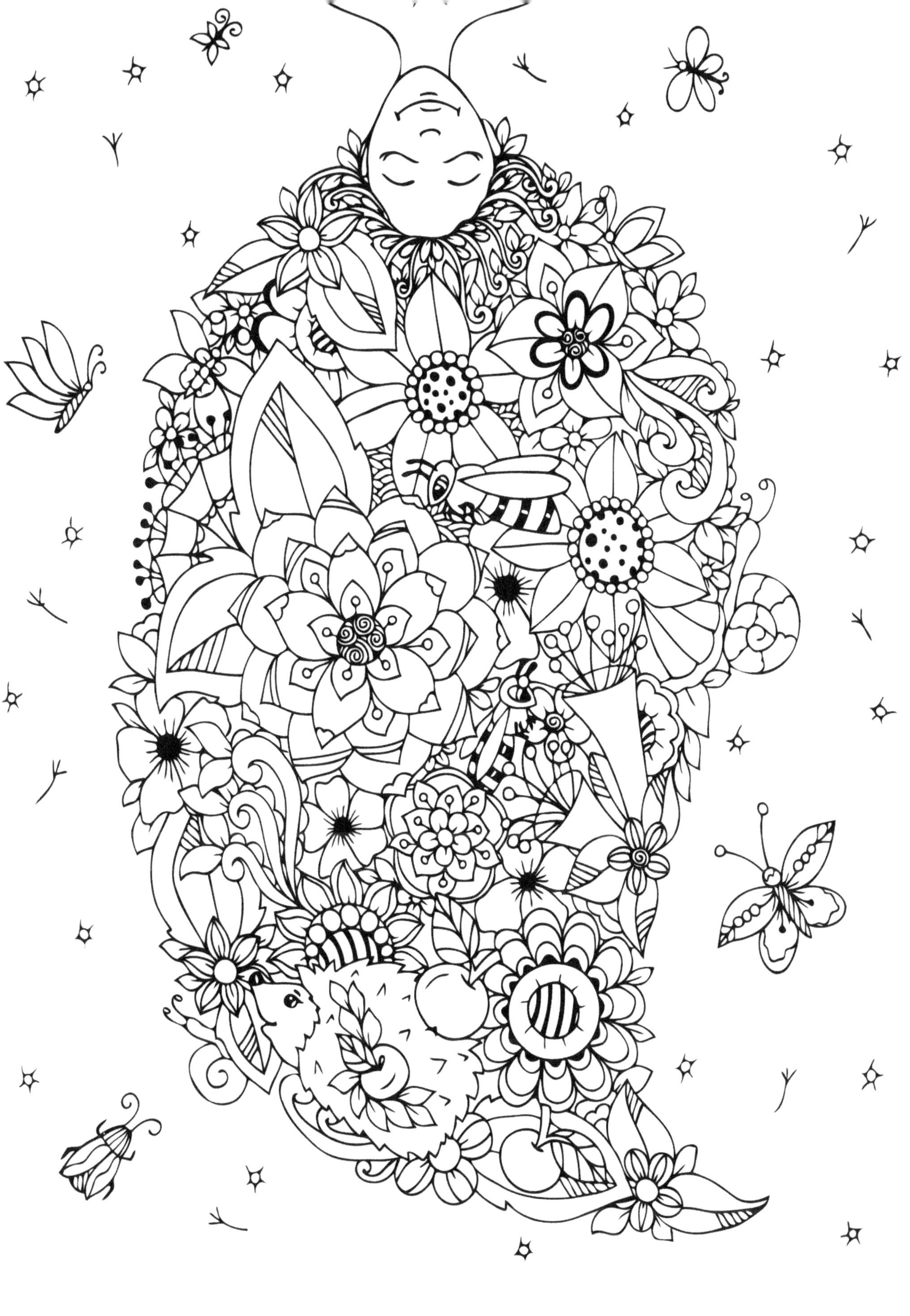

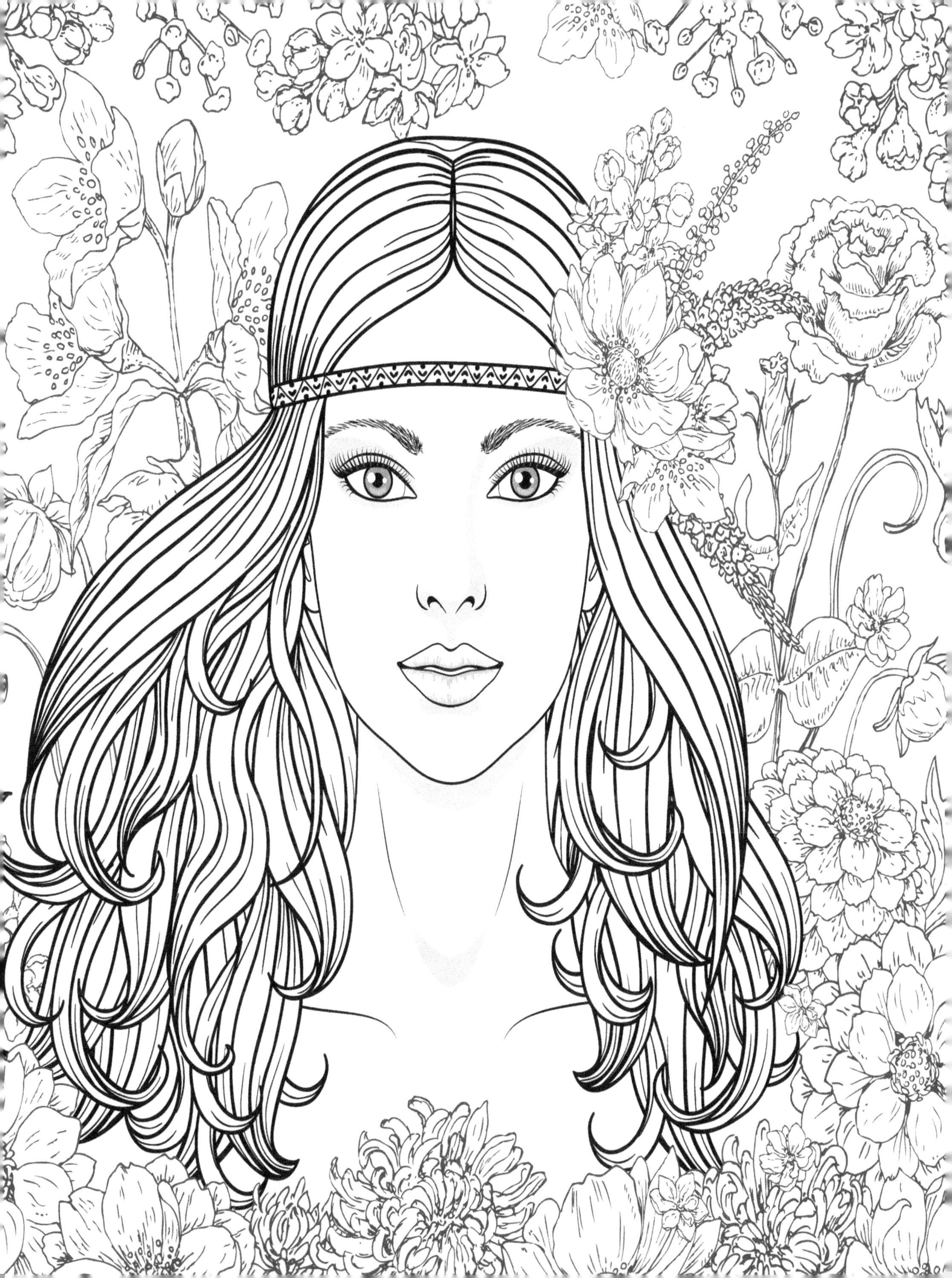

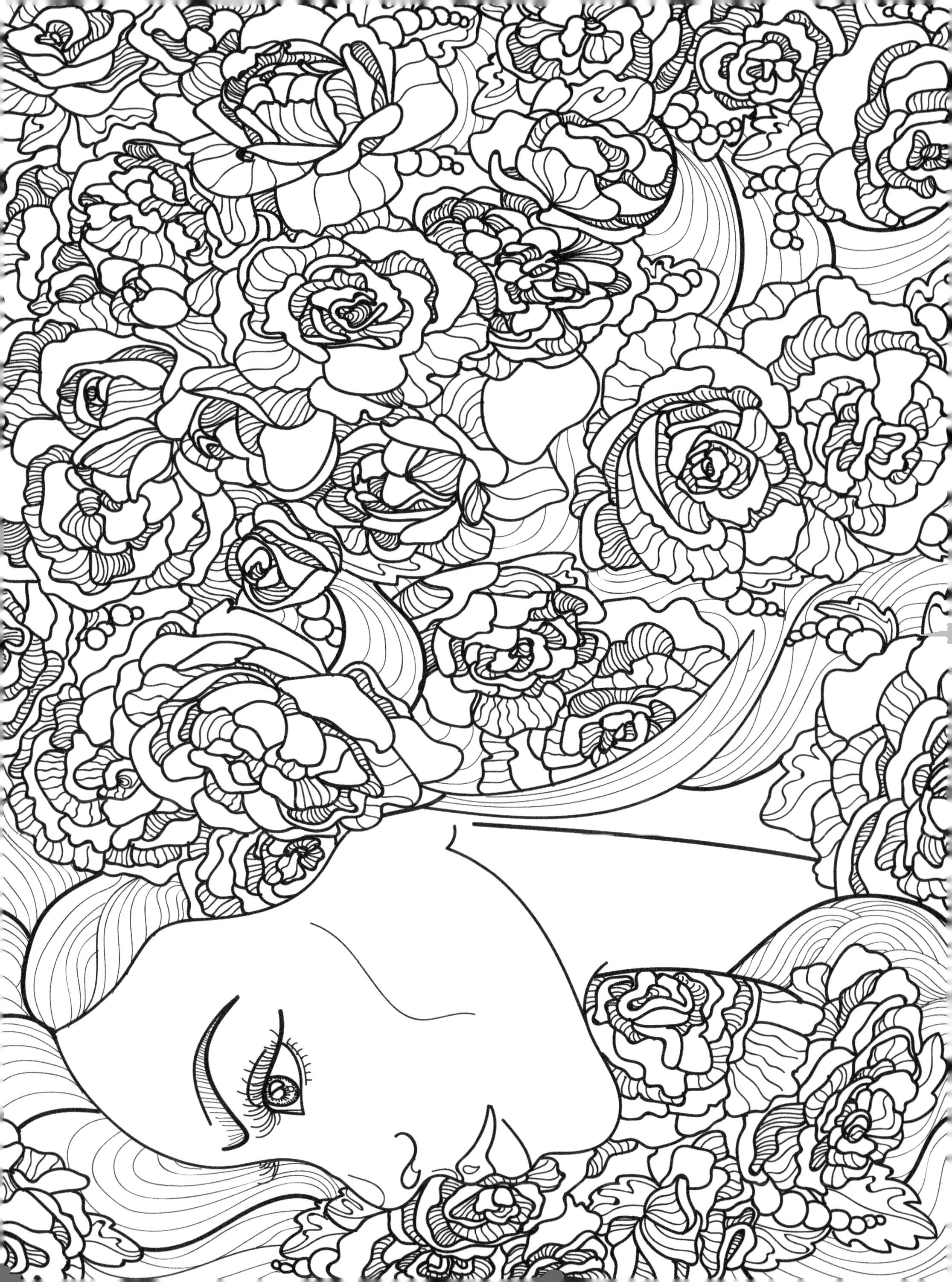

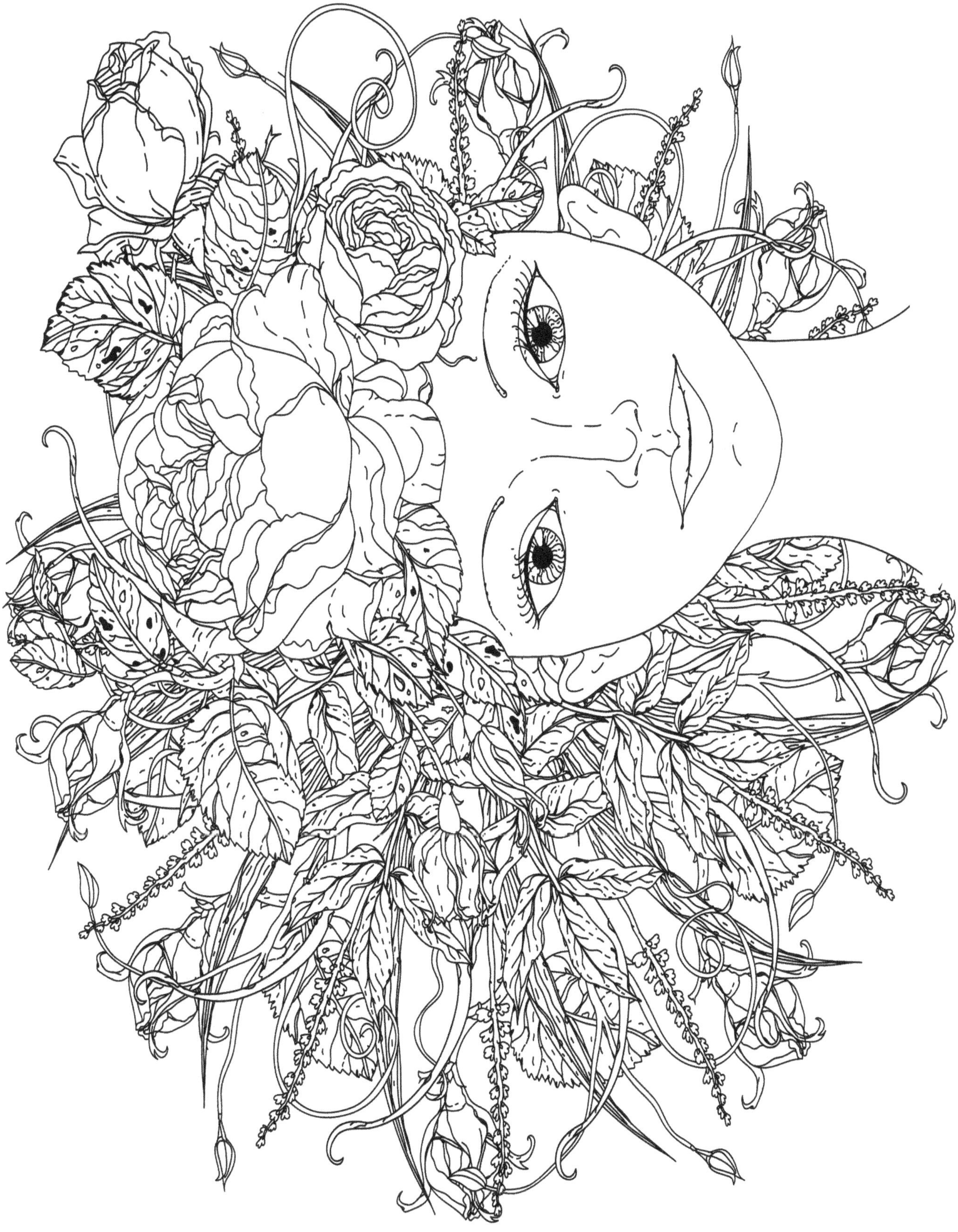

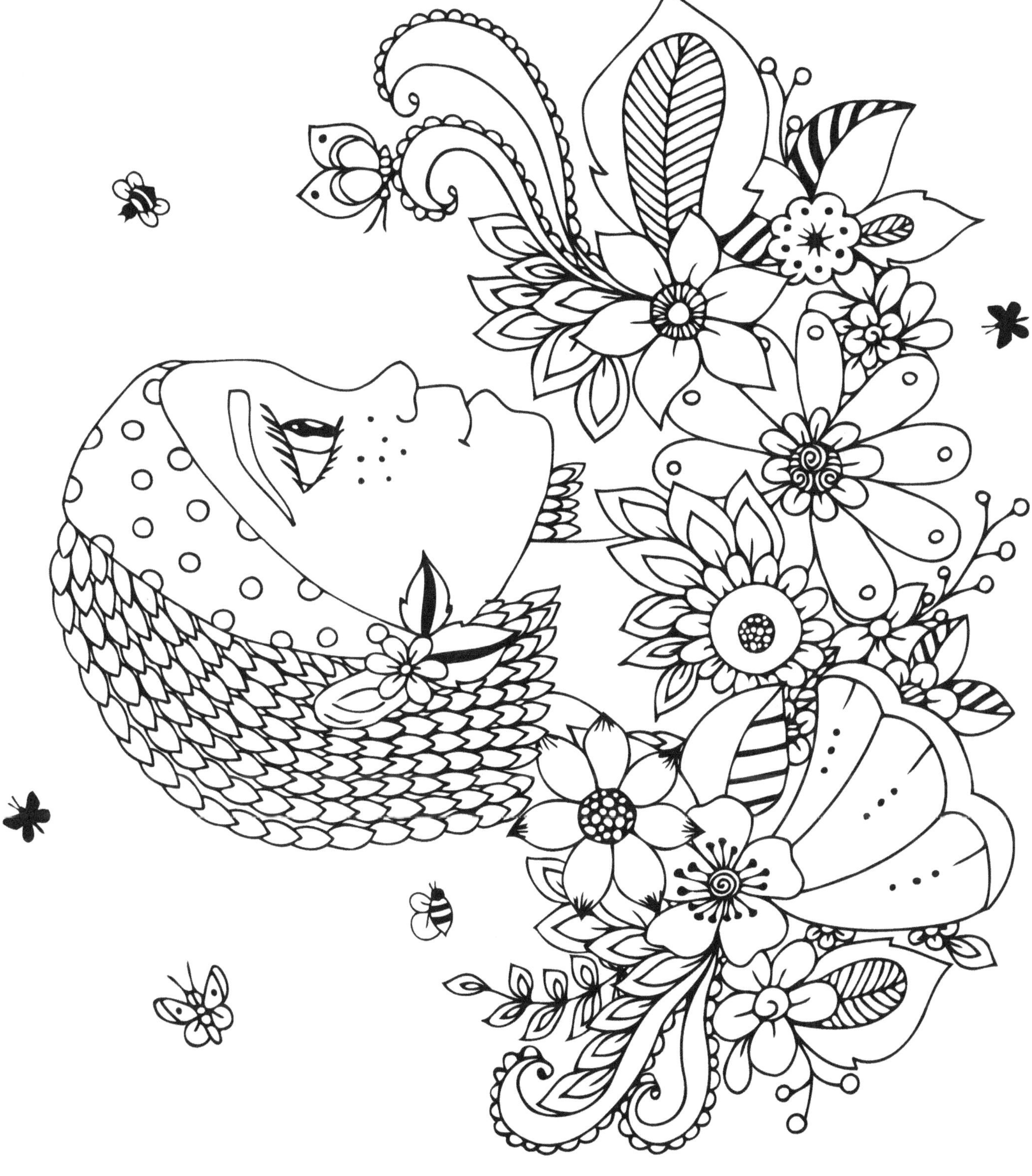

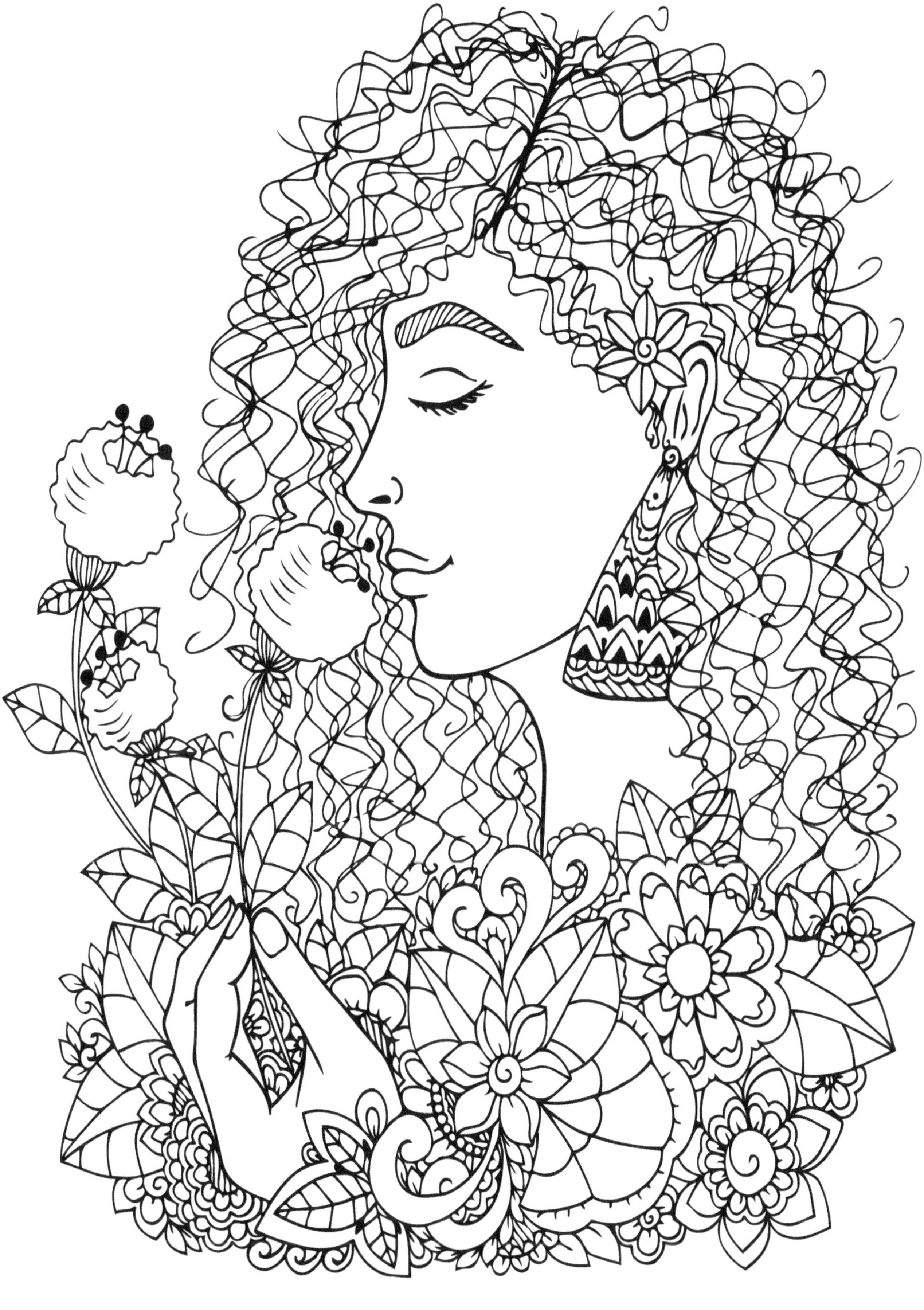

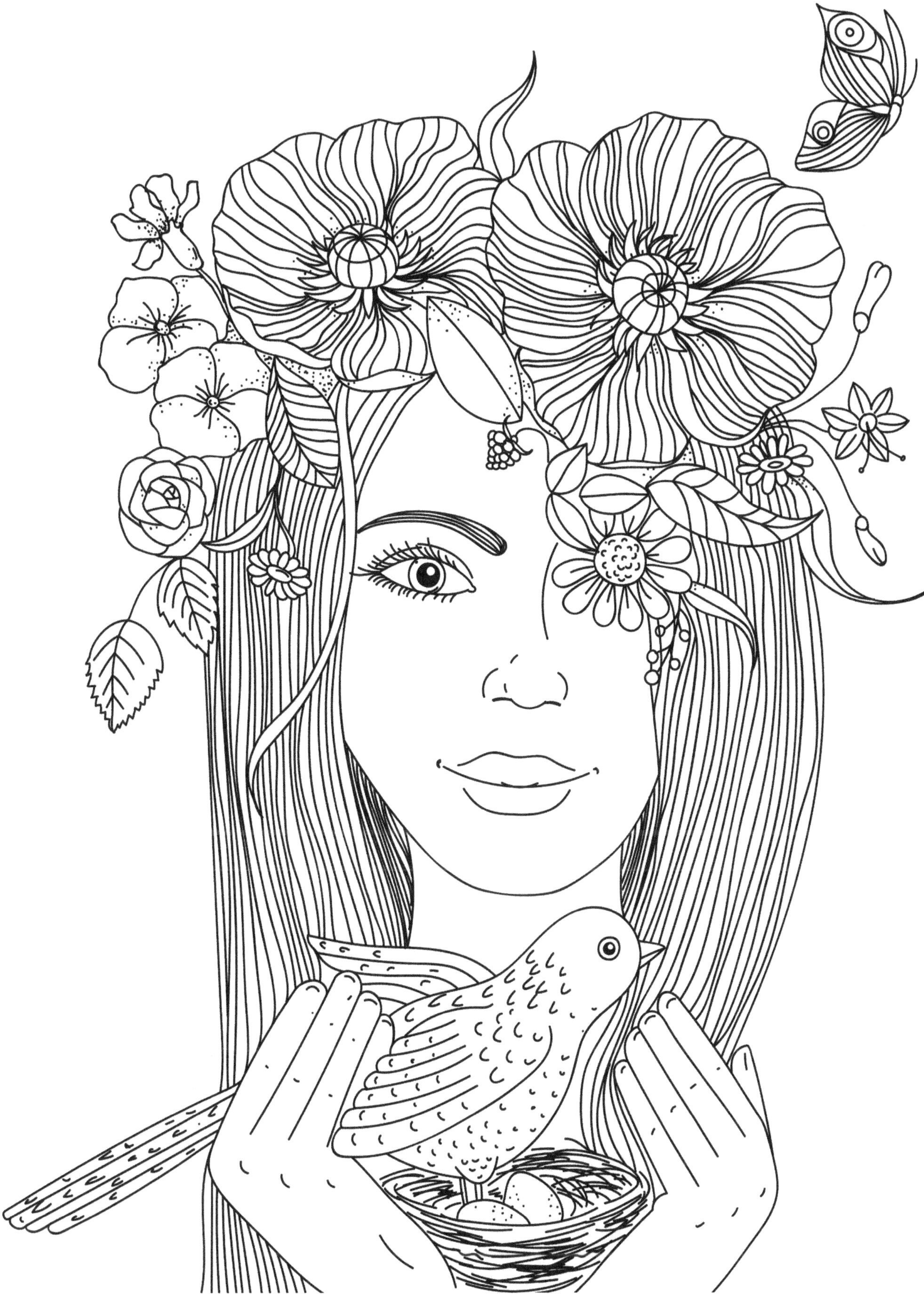

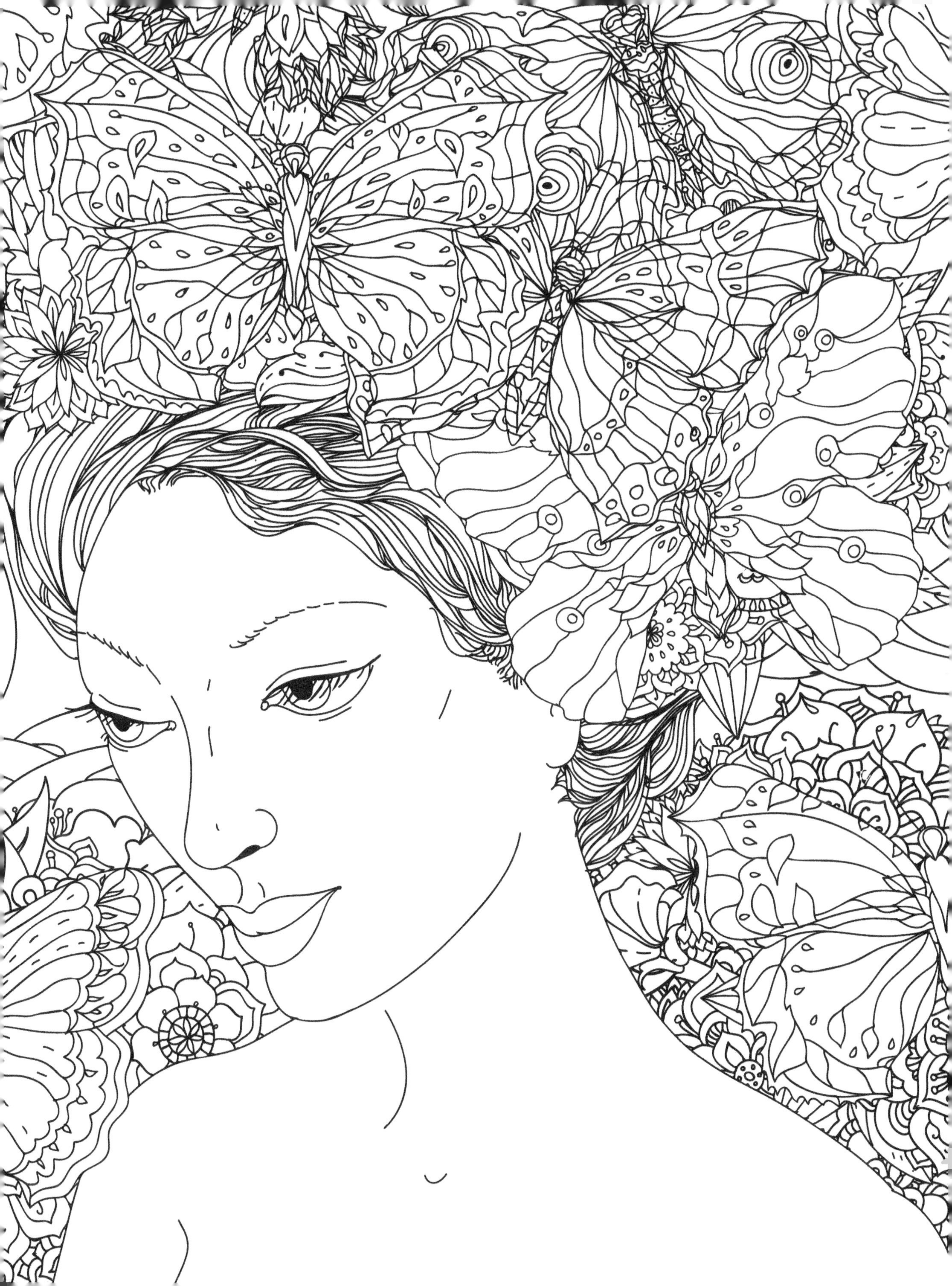

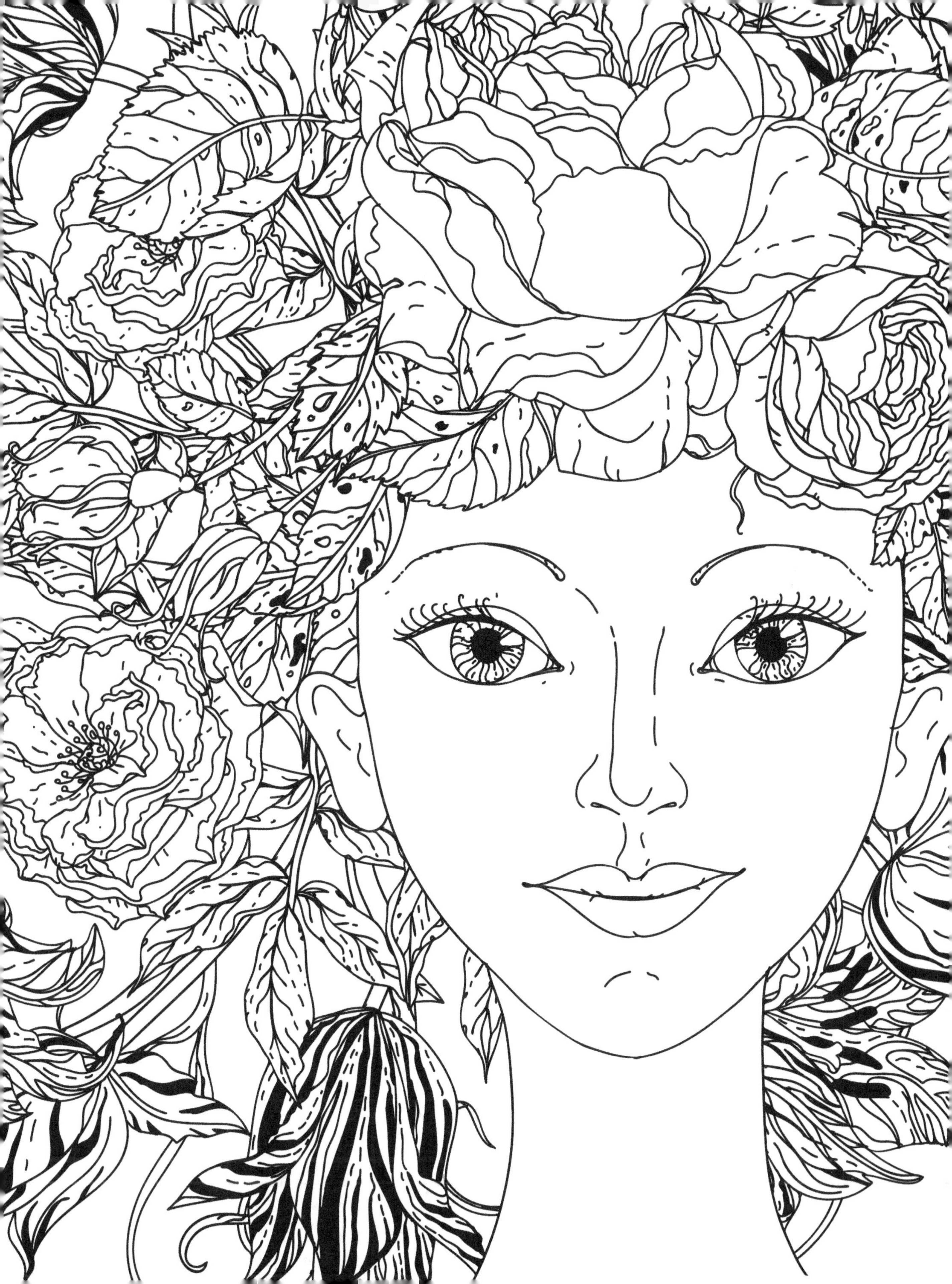

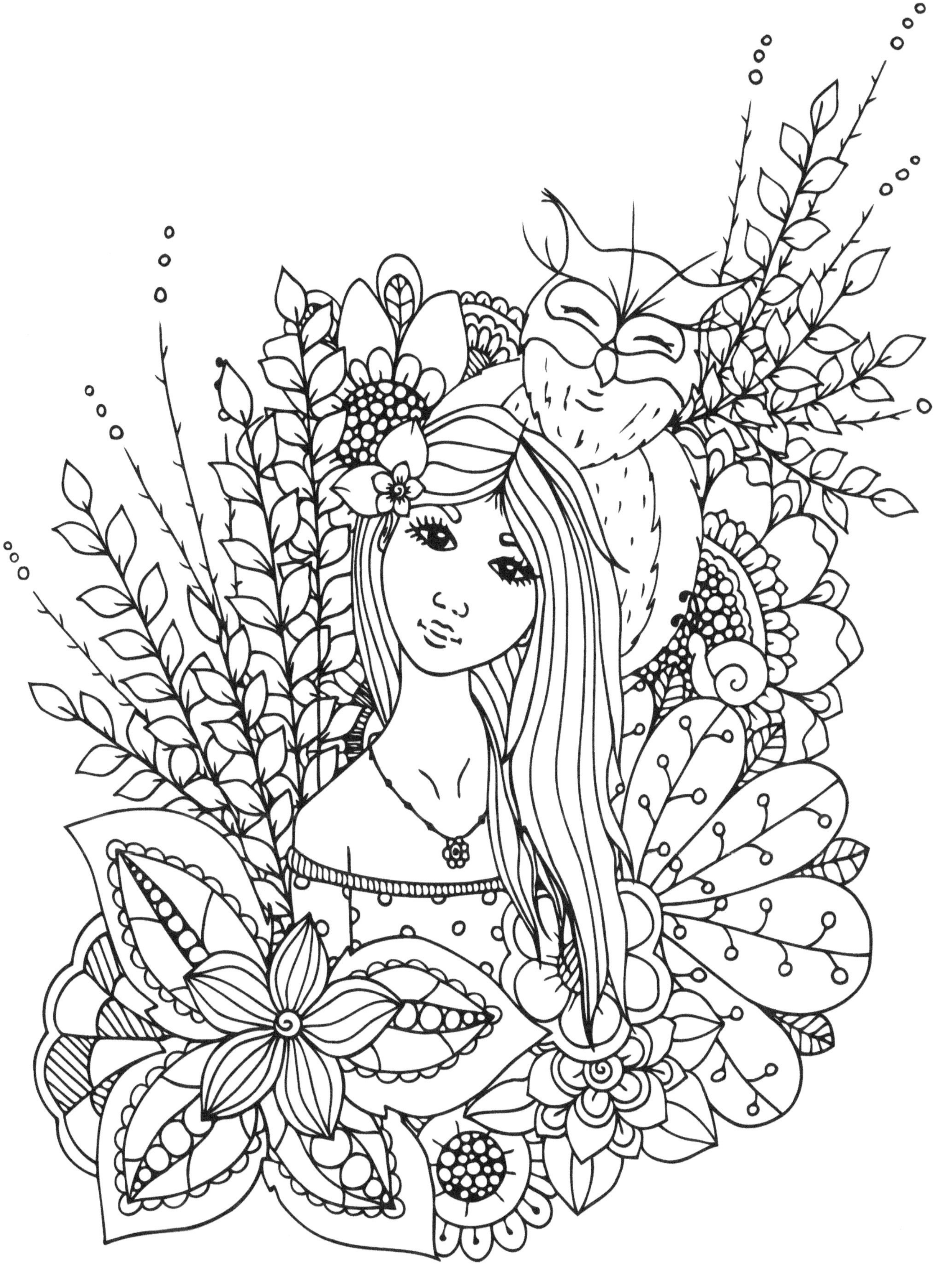

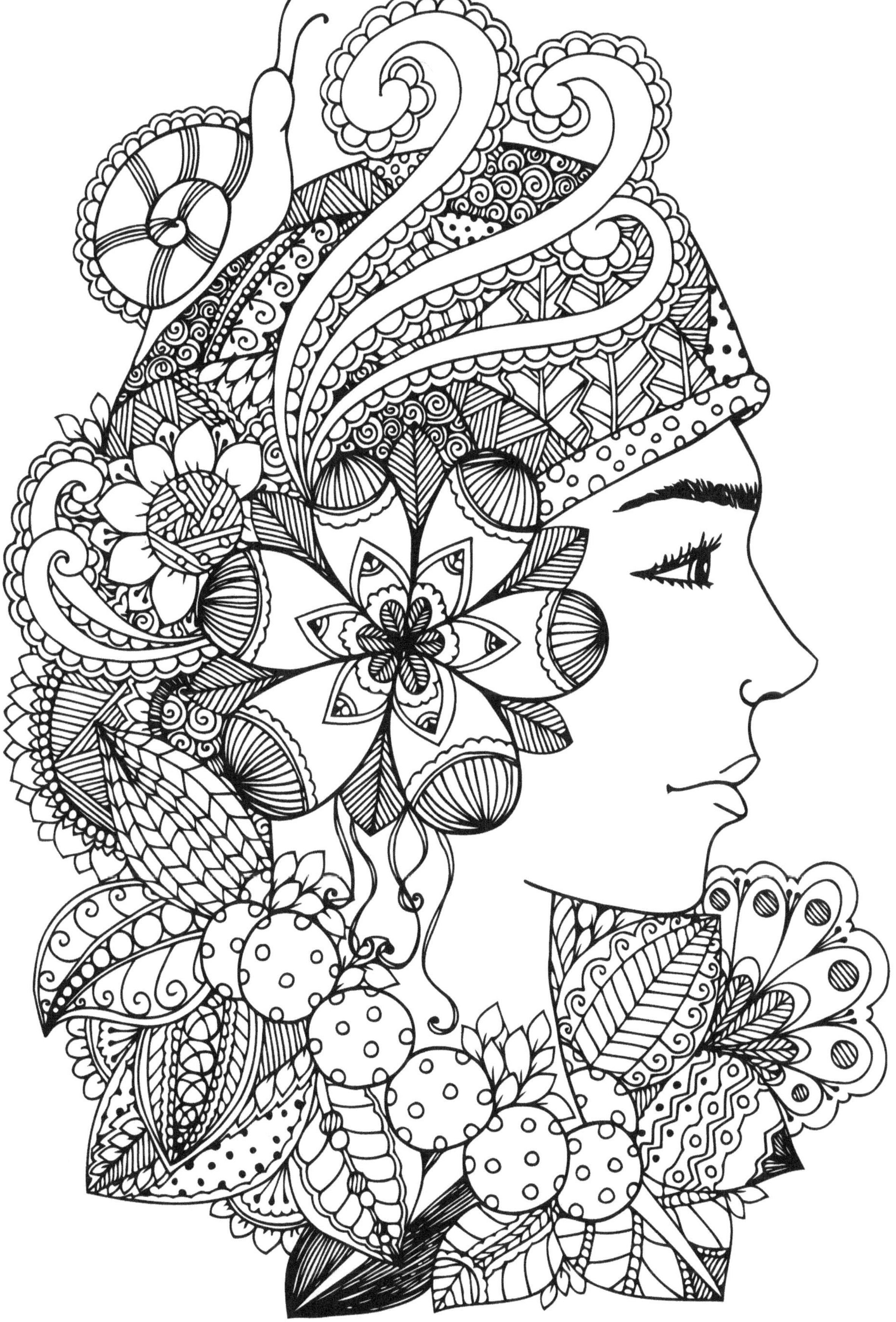

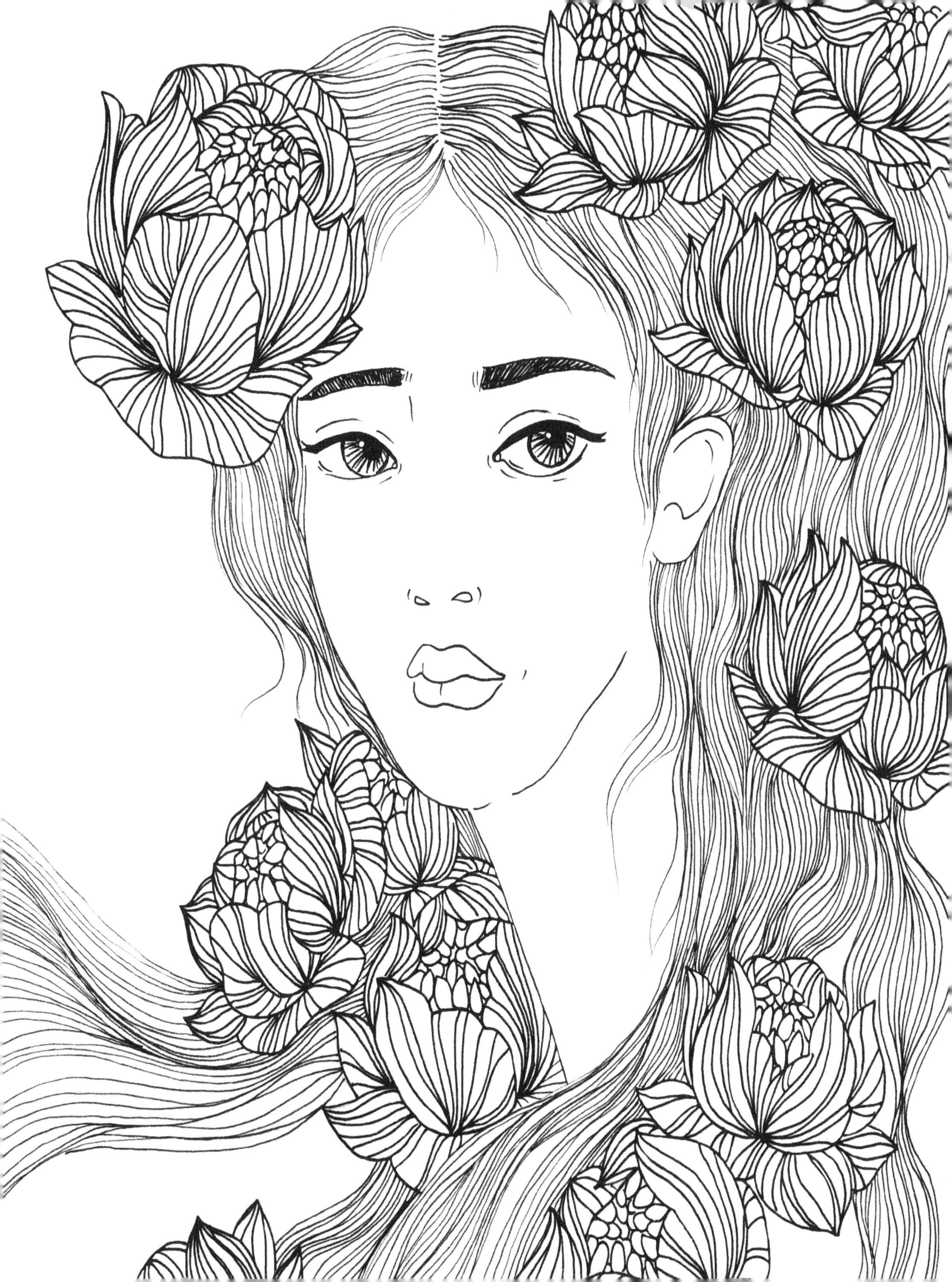

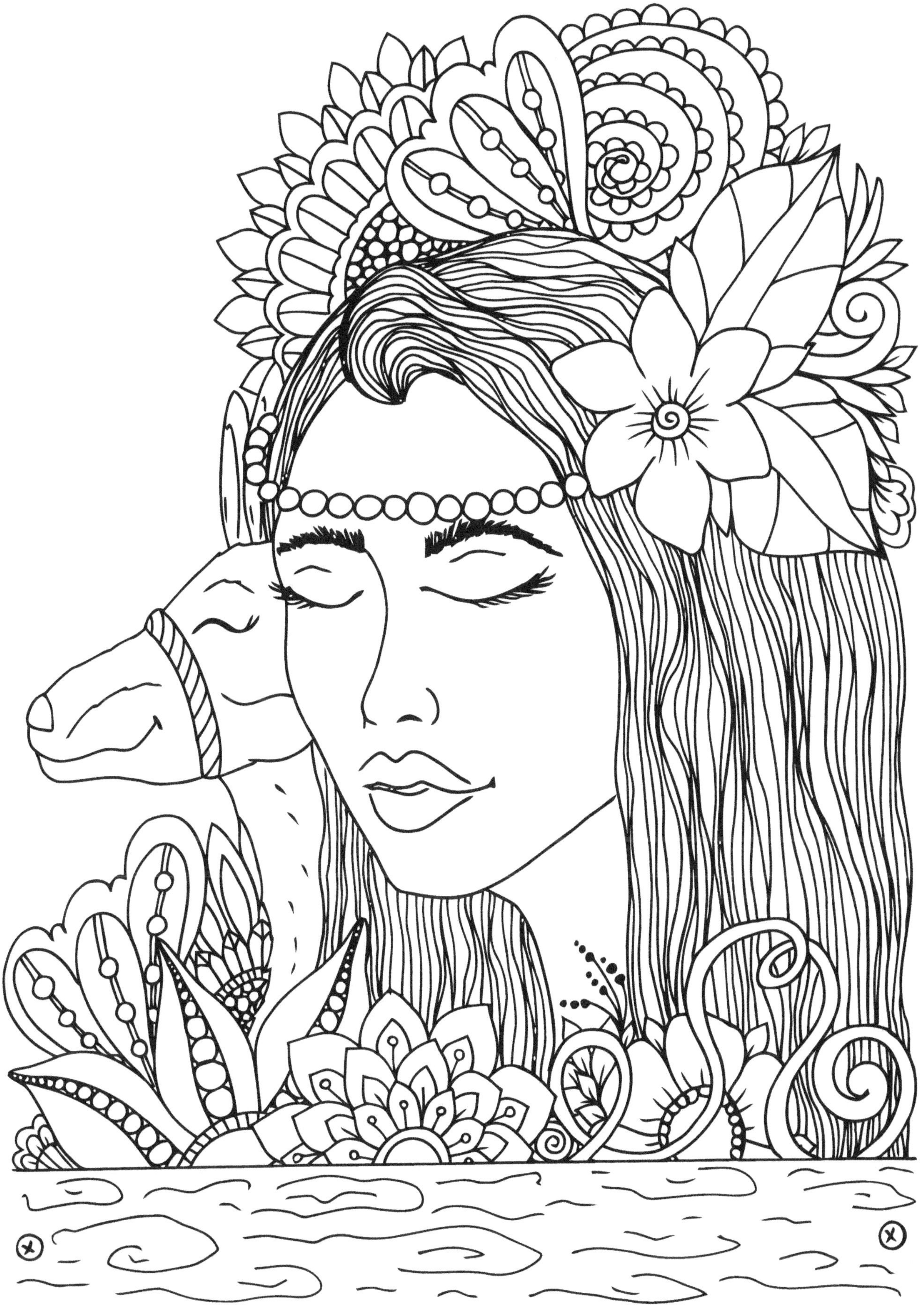

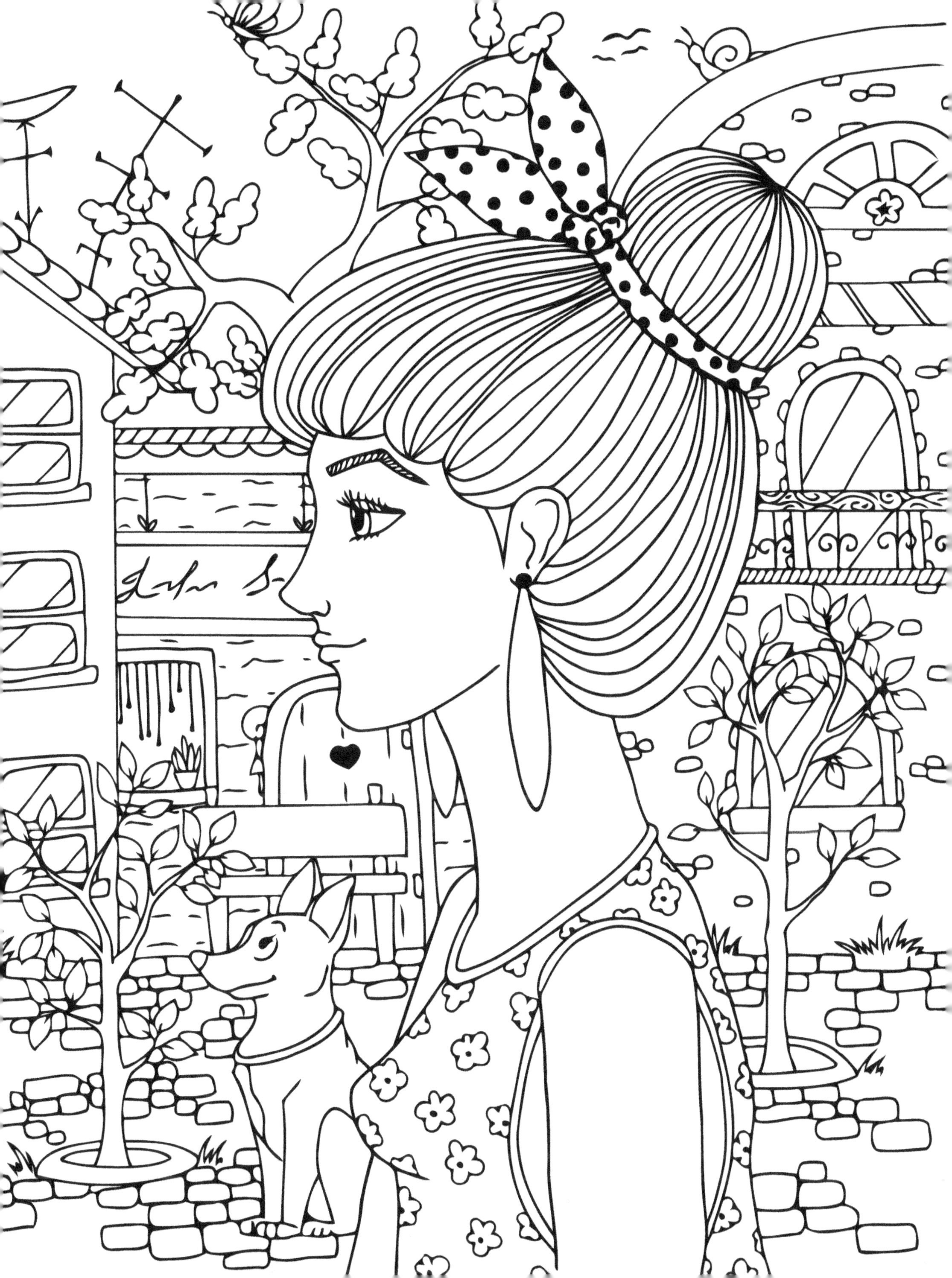

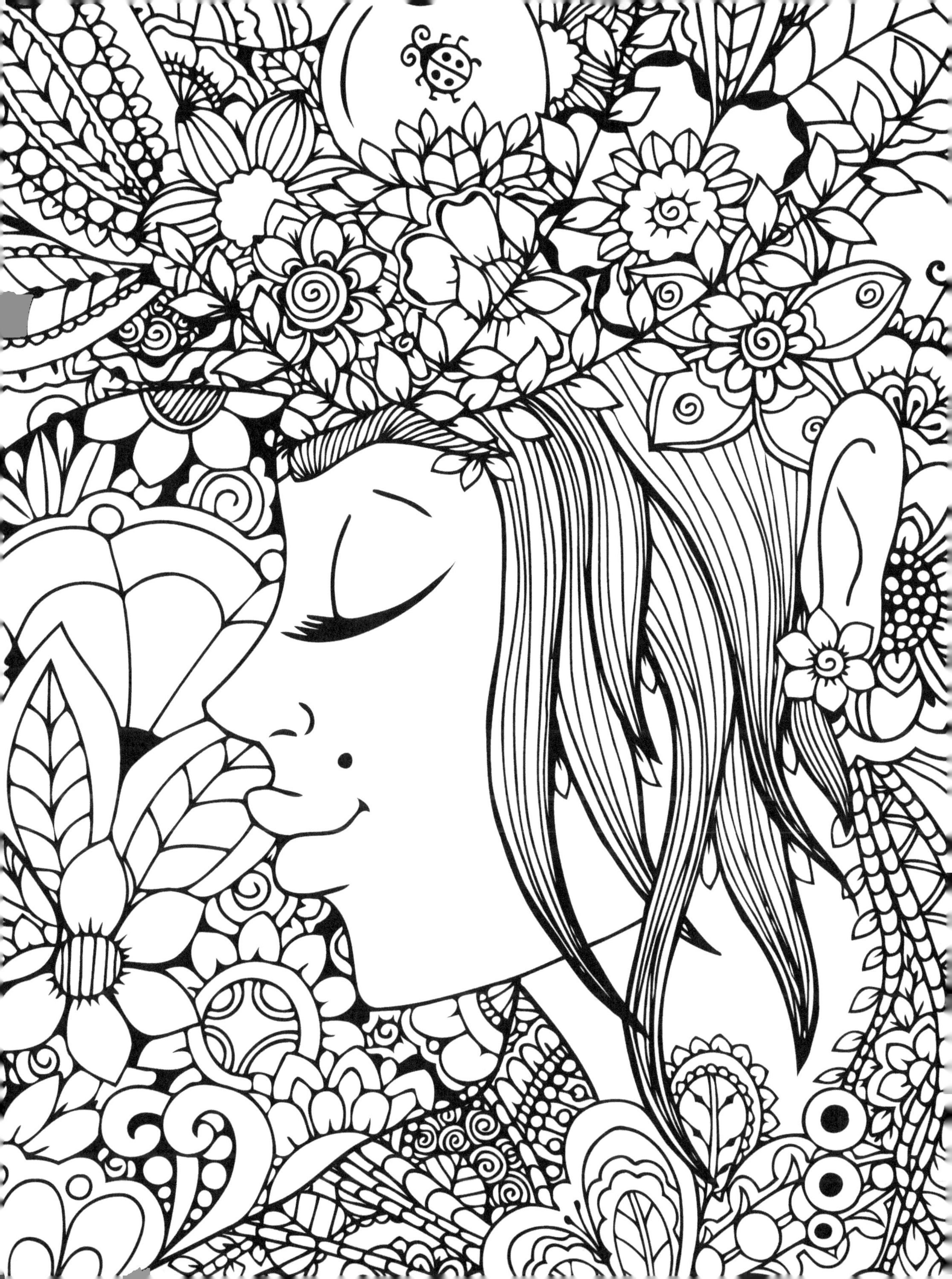

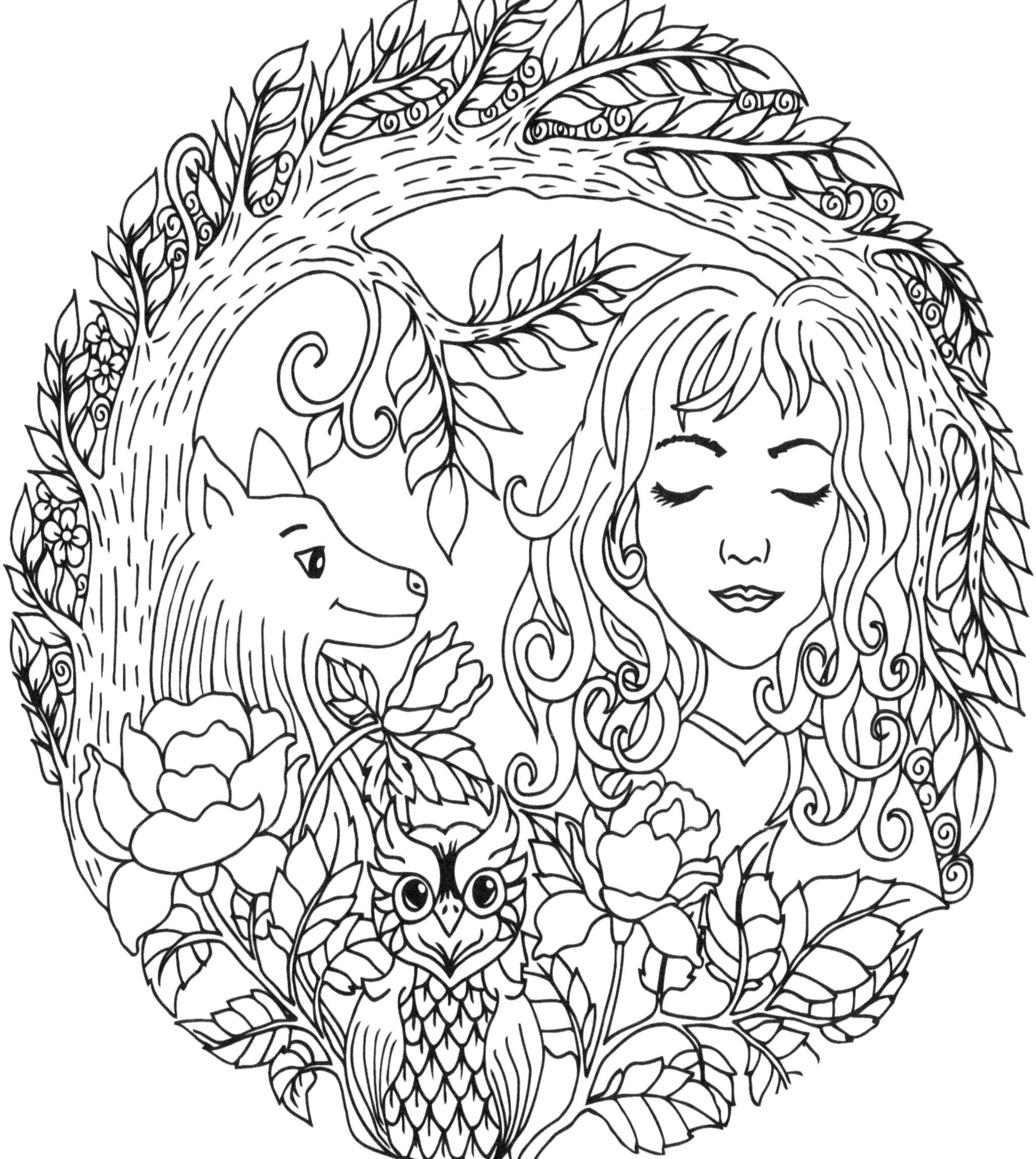

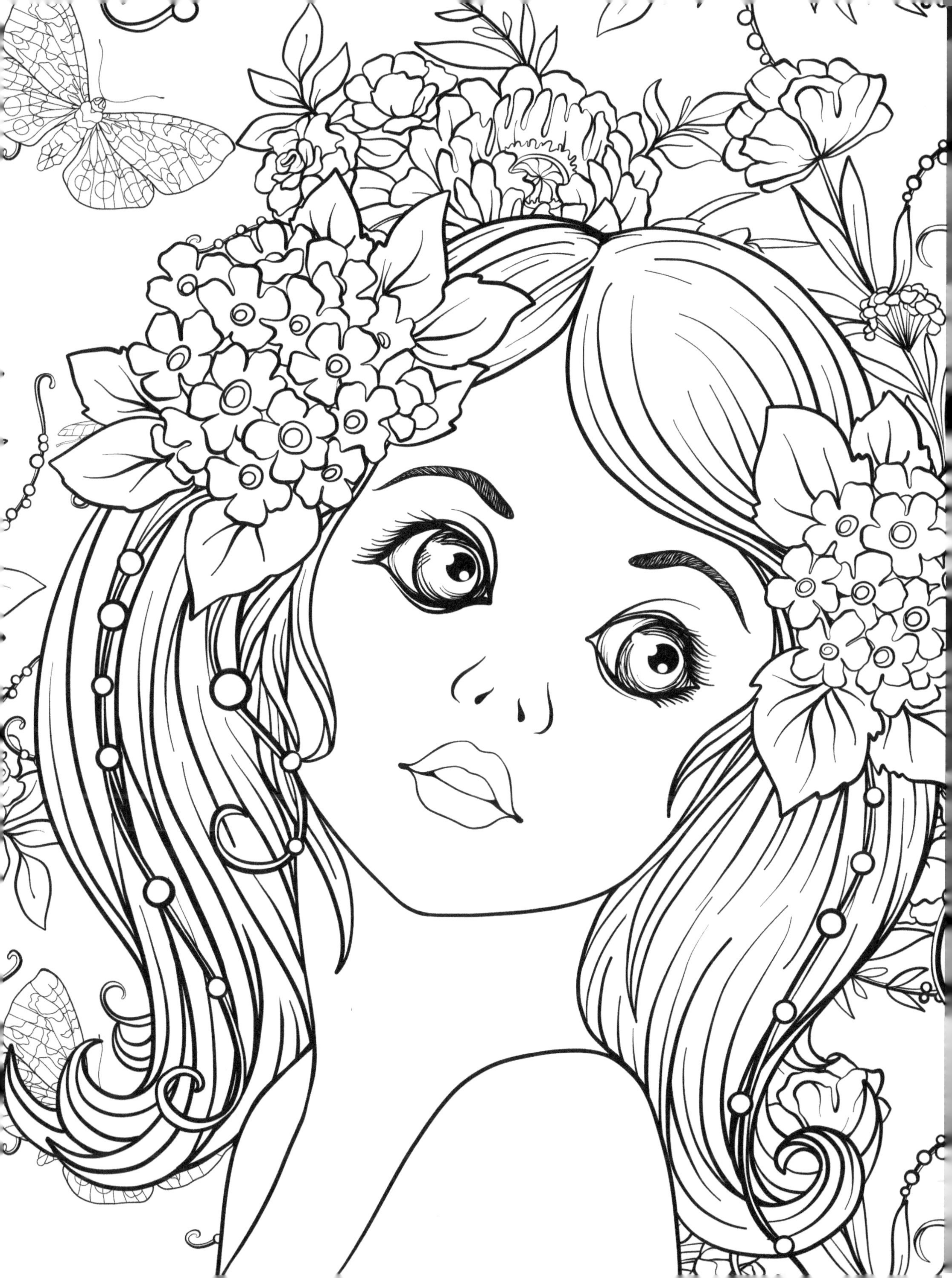

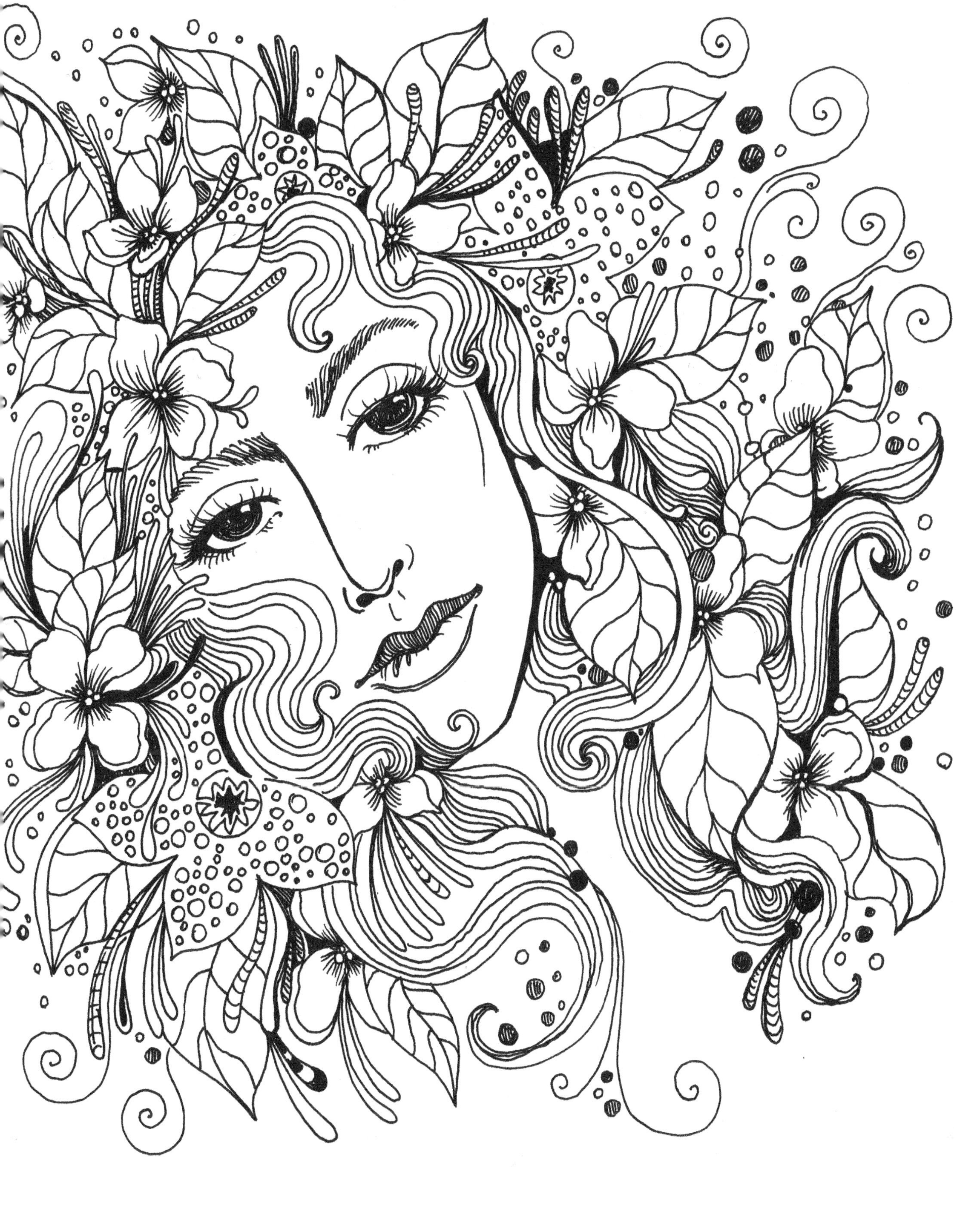

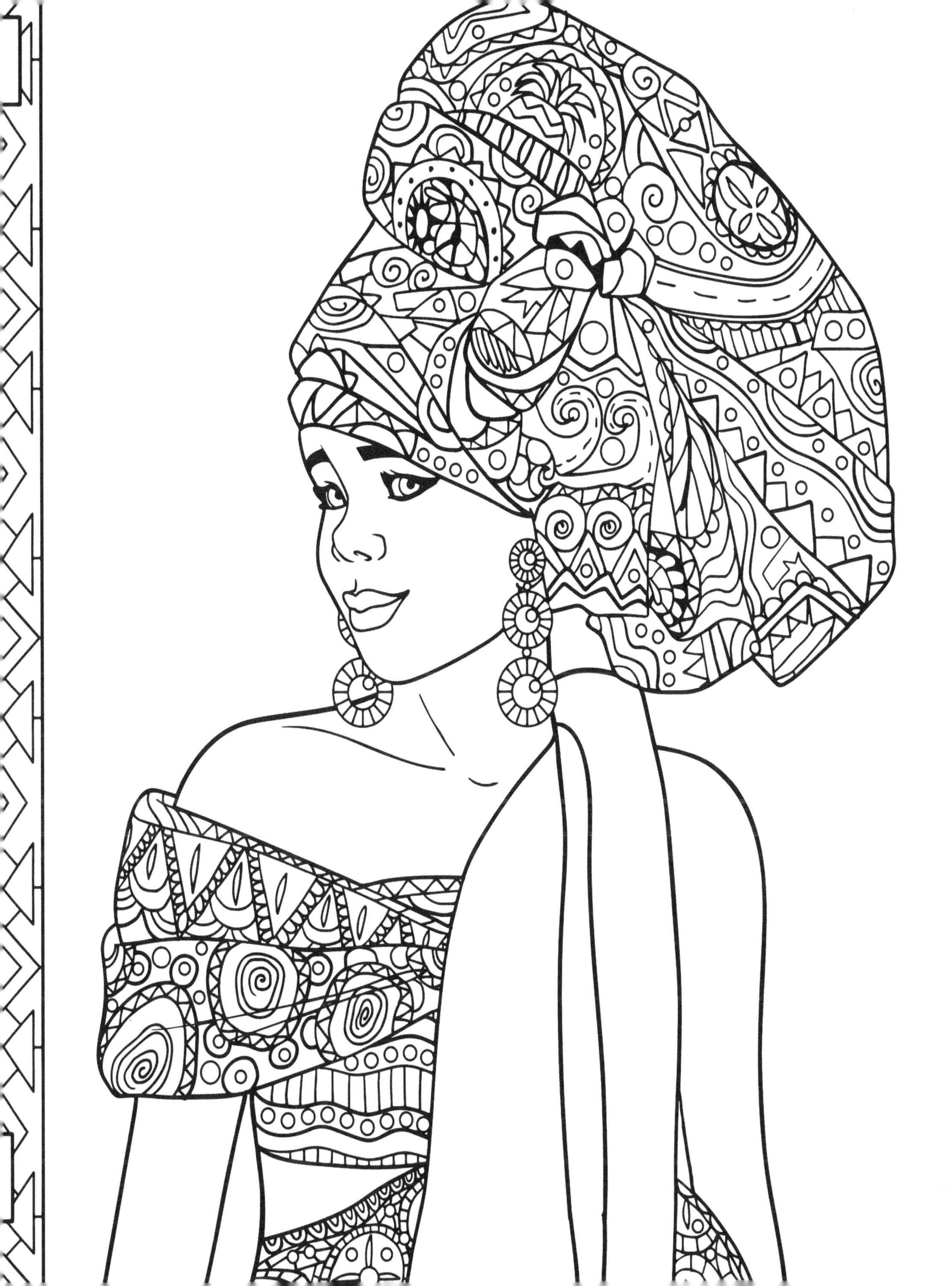

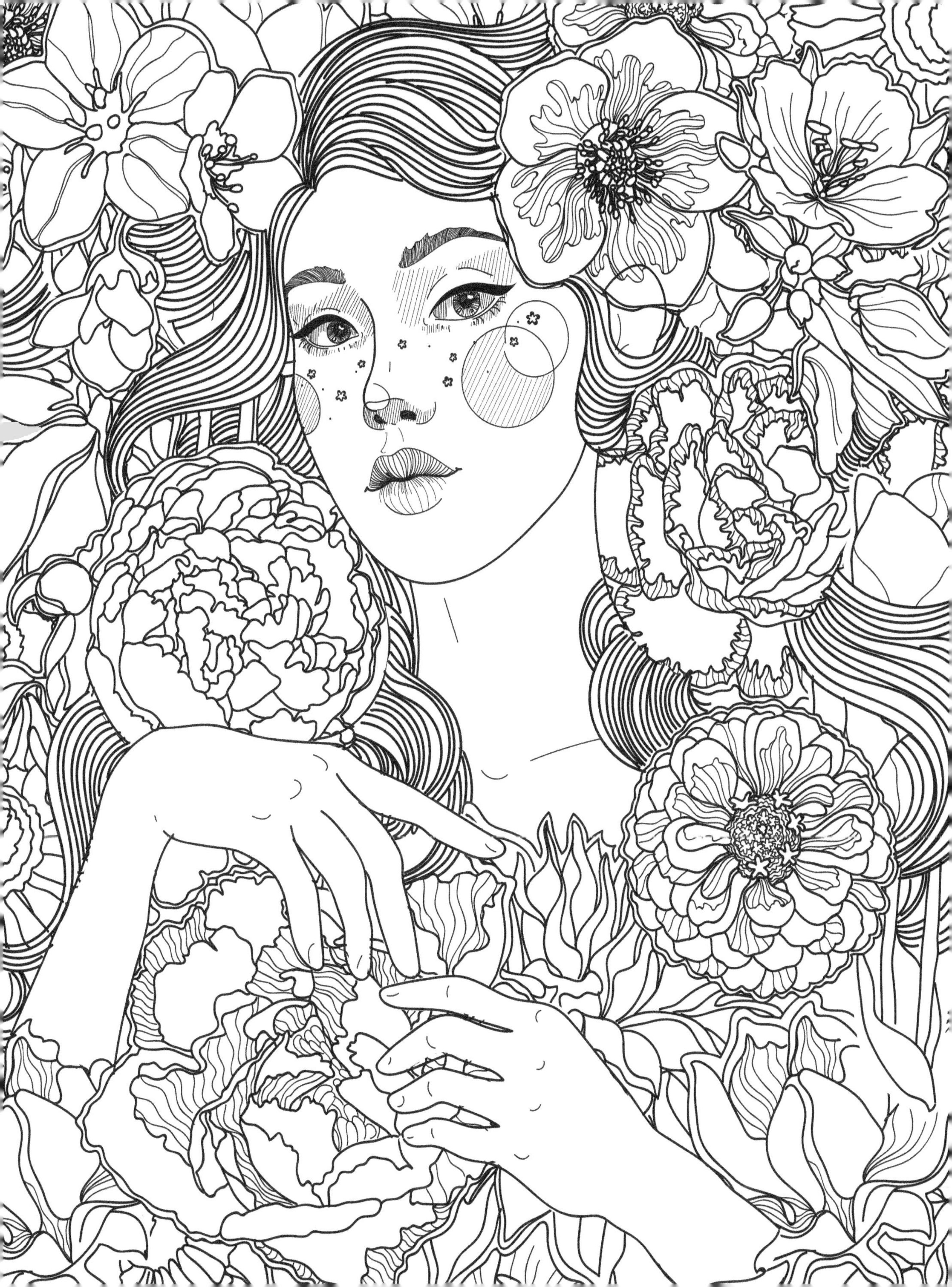

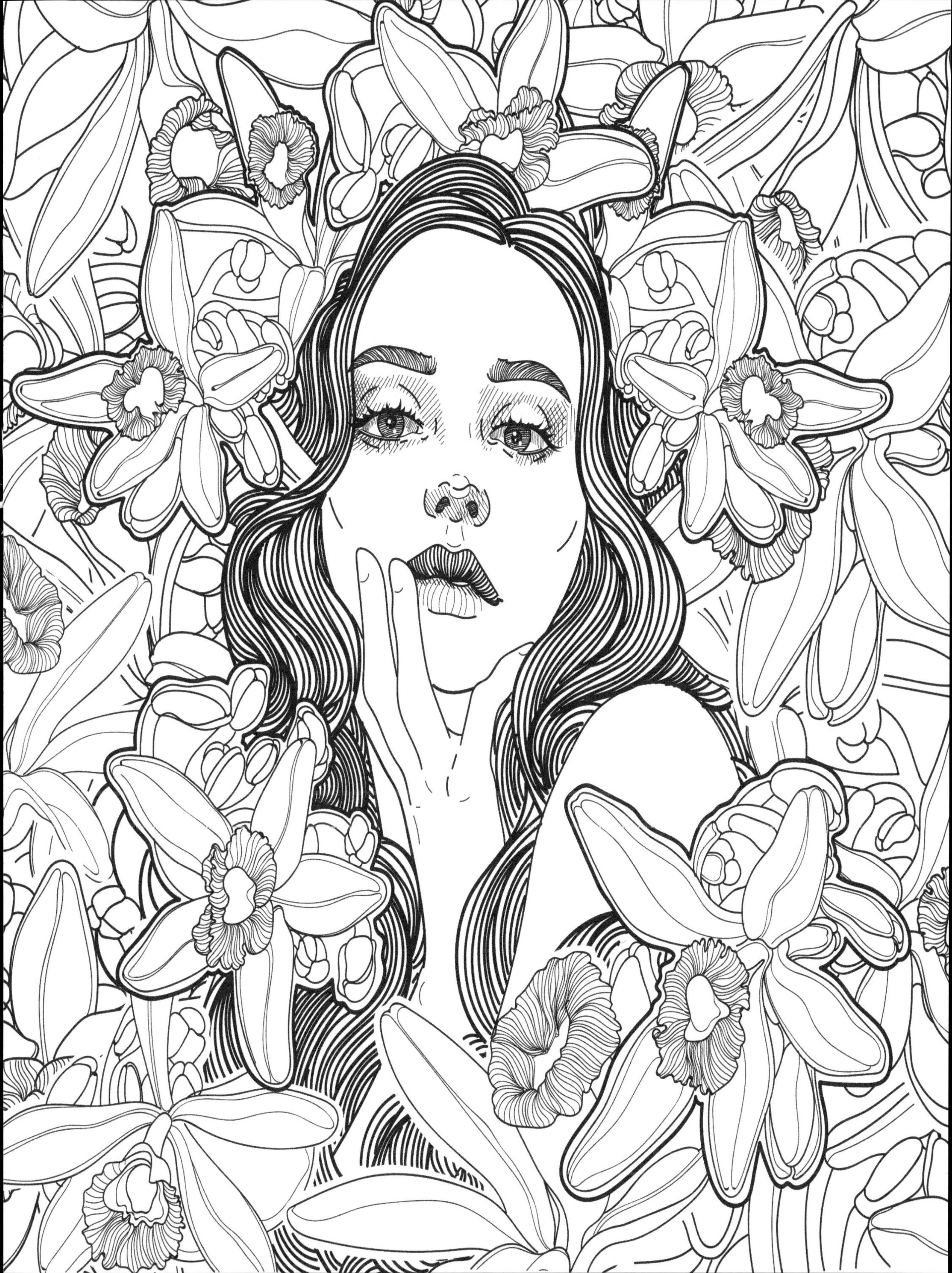

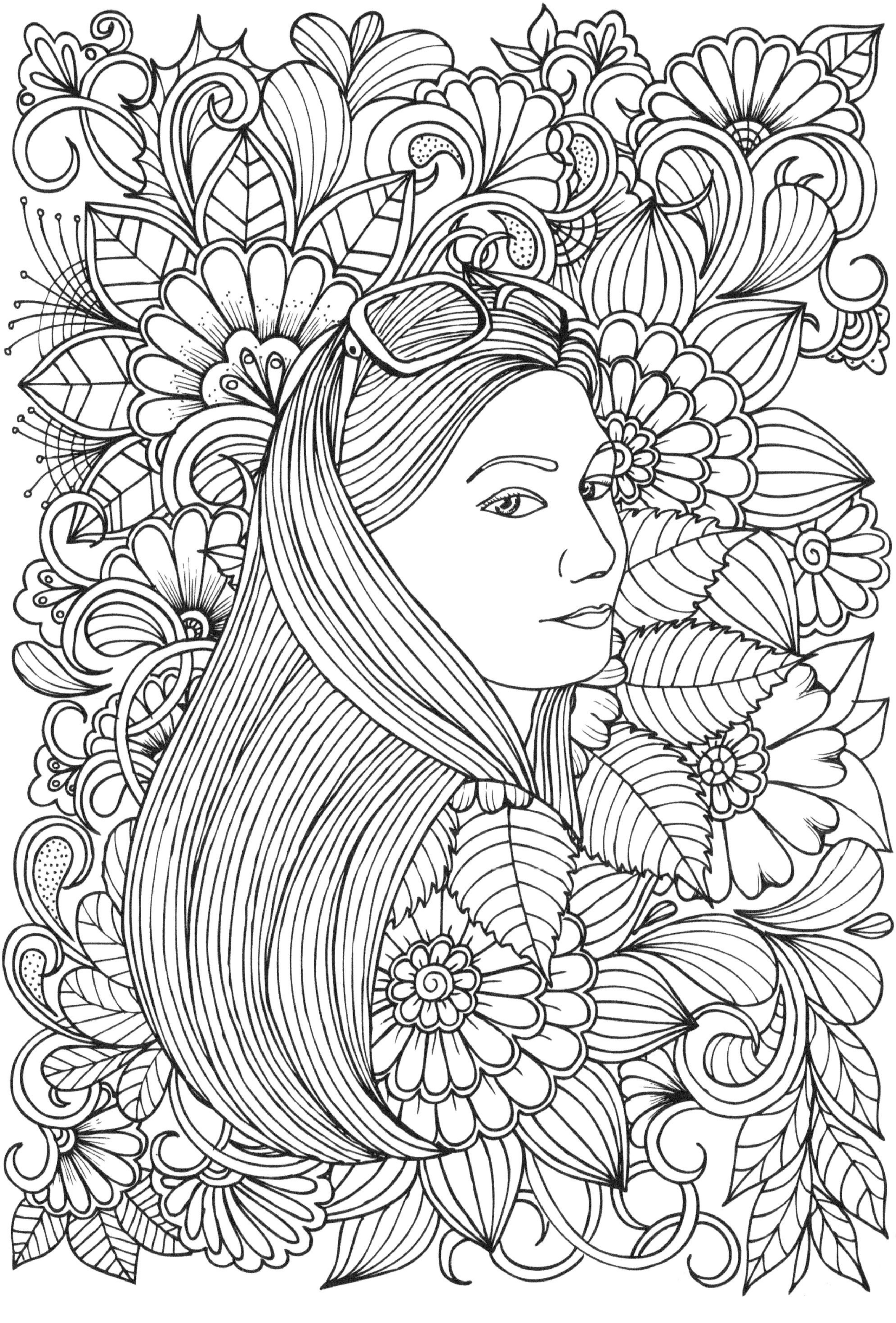

www.ingramcontent.com/pod-product-compliance
Lightning Source LLC
Chambersburg PA
CBHW081534220526
45467CB00010B/3186
* 9 7 8 1 7 0 6 3 1 5 9 5 7 *